羽生結弦
notte stellata

Blu-ray & DVD
好評発売中

2023年3月に、羽生結弦のプロ転向後初めて地元・宮城で開催されたアイスショー
「羽生結弦 notte stellata」。チケットは全日即日完売となり、配信やライブビューイングも含め
多くの観客を魅了した公演の待望のソフト化!

Blu-ray 11,000円
本編約110分＋映像特典 2枚組

DVD 8,800円
本編約110分＋映像特典 2枚組

※内容・仕様等は予告なく変更となる場合がございます。予めご了承ください。
※本編中の音声や映像にオリジナル収録素材に起因するノイズ等が発生する
箇所がございます。予めご了承ください。

特典 ※Blu-ray・DVD共通

【映像特典】
● 3/10公演・ハイライト
● 3/12公演・ハイライト
● 3/11公演「Conquest of Paradise」マルチアングル
● 舞台裏映像
● 出演者インタビュー集

【封入特典】
特製ブックレット

商品の詳細はこちら

CAST 羽生結弦 ［スペシャルゲスト］内村航平
ジェイソン・ブラウン　シェーリーン・ボーン・トゥロック　宮原知子
鈴木明子　田中刑事　無良崇人　本郷理華　ビオレッタ・アファナシバ

STAFF 主催：日本テレビ放送網株式会社／ミヤギテレビ
企画：日本テレビnews every.

発売元・販売元：バップ　©nottestellata vap

WORLD
FIGURESKATING
ワールド・フィギュアスケート

9 FOUR CONTINENTS
FIGURE SKATING CHAMPIONSHIPS
SHANGHAI 2024

CONTENTS 目次

Anniversary Special Issue

100

創刊100号

No. **100**

三浦璃来＆木原龍一（2024年四大陸選手権 FS）Riku Miura and Ryuichi Kihara. ©Manabu Takahashi
表紙：羽生結弦　Cover : Yuzuru Hanyu. ©Shinji Masakawa
裏表紙：中田璃士（2023年ジュニアグランプリファイナル FS）Back Cover : Rio Nakata. ©Nobuaki Tanaka/Shutterz

Anniversary Special Issue
100
創刊100号

Special Interview

羽生結弦

Yuzuru Hanyu

Photos: Shinji Masakawa
Hair & Make up: Tomomi Kakizaki
Costume: UNITED TOKYO

羽生結弦

誇りをもってフィギュアスケートを大事にしたい

いま、スケーターとして、表現者として、どんな射程を見据えているのか——
「RE_PRAY」佐賀公演を終えたばかりの羽生結弦さんにロングインタビュー！

オリンピック2連覇、スーパースラム達成……偉大な記録をもつフィギュアスケーター、羽生結弦。2022年7月に決意表明会見を行い、競技からプロの世界へと足を踏み入れてからも、全編をワンマンで滑りきる単独公演、スケーター史上初の東京ドーム公演、鎮魂と祈りを込めた公演、初のツアー開催と、八面六臂の活躍を見せる。彼の魂のこもったパフォーマンスによって綴られるショーは、予想をはるかに超えるスケールで、フィギュアスケートの新たな次元を拓いていく——。アスリートとしてひたむきに挑戦し続ける羽生結弦さんに、いまあらためてフィギュアスケートへの真摯な想いを語っていただきました。

スケーターとしての使命

—— このたび、小誌「ワールド・フィギュアスケート」が100号を迎えるにあたり、羽生結弦さんにインタビューにご登場いただくこととなり、大変光栄です。小誌の創刊は1999年12月なのですが、羽生さんがスケートを始めたのも同じころですよね。

羽生 ぼくがスケートを始めたのも、1999年かな？ 4歳だから、そうですね、99年の夏ごろ。うわ～、懐かしい！ 持ってましたよこの1号。表紙がミシェル・クワン、裏表紙がヤグディン！ しかもこの（ヤグディンの）ピアノの衣装めちゃくちゃ懐かしい。（ページをめくりながら）うわ、プルシェンコ。この時代のフィギュアスケート、めっちゃ好きです。あ、ティモシー（・ゲーブル）。

—— 本当にスケートを始められたばかりのころですが、その時代のスケーターたちのどんなところが好きでしたか。

羽生 やっぱりみんな個性が強かったですよね。ぼくはフィギュアスケート好きといっても、ちっちゃいころは本当に自分が好きで興味のある選手しか見なかったみたいで、やっぱりプルシェンコとヤグディンと本田（武史）さんと、あとたまにティモシーを見たり。ある意味わがままに、好きなスケーターばっかり見ていました。この世代のトップの方々の個性の光り方は、みんなそれぞれ王道なんだけれども、違ったジャンル、違った表現の仕方をしていて、個性がめちゃくちゃ立っていた時代でした。そういう意味で、いまでも本当に好きですね。ぼくがいちばん憧れた世代です。

—— そうだったんですね。

羽生 もともとフィギュアスケートを始めたきっかけ自体が、誰か好きなスケーターがいるとか、「こういうふうになりたい」と思って始めたわけではなくて、ただ姉についていきたい、姉と一緒のことをやりたいという気持ちで始めているので、その意味では最初のころはフィギュアスケートに触れていない。でも、オリンピックとかを見るようになって、初めて「こういうふうになりたい」と思ったのがこの方々です。個性が強いんだけど、そこにいやな感じがないというか、それぞれが本当にそれぞれのままでスケートをしている感じがありましたよね。

—— そういうピュアな憧れから出発して、ご自身がフィギュアスケートを革新する存在になられたわけですね。

羽生 いやいやいや。

—— と同時に、いまもフィギュアスケートを最前線で開拓し続けておられますが、まず、3月に行われる「notte stellata」公演について伺います。羽生さんはいわば東日本大震災からの復興のシンボルであり続けてきましたが、今年は年始から能登の地震もあり、より意義の増す公演となるかと思います。

羽生 被災された方々にお見舞いを申し上げたいです。自分が生きてきたのはまだたった29年くら

いですけれども、日本がどれだけ災害が多いのかということを、最近改めて痛感する日常だと思っています。地震だけではなくて、豪雨災害や、いわゆる天災がたくさんあり、それは日本で生きていくことの宿命かもしれないんですけれども、そういったものたちへの祈りみたいなものを、ぼくのスケートに込めて滑っていくことが、いまの時代のなかでのぼくの使命なのかなということは改めて考えています。

── 地元・東北への思いが羽生さんのスケート人生の大半を貫いてきました。

羽生 日本に住んでいる多くの方は東日本大震災の揺れを感じたと思うのですが、ぼく自身、実体験としては津波などを自分の肉眼で見ているわけでもないですし、ぼくのあるべき位置は何だろうと思うこともありました。それでも、やはり競技をずっと続けてきたなかで、16歳、17歳の時代、とくに東日本大震災のあとのシーズンに、みなさんに注目していただき、被災経験を含めていろいろなことを発信してきました。そのなかで、羽生結弦と東日本大震災が、切っても切り離せないようなものになっていったと思っていて。だからこそ、競技を続けるなかでも、いまのプロ活動にとっても、やはり震災というものは自分のなかに持ち続けなきゃいけないなと思っています。ぼくの人生経験において根幹にあるのは震災の経験ですし、たとえば金メダルをとるとか、いい成績が残せたりしたときに、やっぱり思い浮かぶのは地域の方々の笑顔や、自分が貢献できたんだということだった。だからこれからも、「notte stellata」を含めて、スケートを通していろいろな活動をしていけたらいいなと思っています。

なぜ"アイスストーリー"なのか

── プロになられてから、2022年11〜12月の初の単独公演「プロローグ」に始まり、2023年2月の東京ドーム公演「GIFT」、2023年秋からはアイスストーリー第2弾として「RE_PRAY」ツアーを開催されました。いま、羽生さんの届けたいスケートが、物語という形をとっていることの理由について、伺えますか。

羽生 プログラムのなかにストーリーを持たせたいというのは、小さいころから滑っていて思っていたことです。そもそも物語を考えたり、想像したりすることが好きでした。そこから始まり、1つのプログラムから感じられる物語があるとして、じゃあ、それぞれの要素みたいなものをプログラムで表現した

としたら、みなさんのなかでどういうふうに見え方が変わるんだろうということが、自分の表現したいことの芯にあるイメージがつねにあった。なんと言ったらいいのかな──ぼくが競技をしていたころは、客観的な結果というものがついてきていましたよね。でも、たとえば、2014年の中国杯。あの衝突事故が起きたからこそ、あのときの「オペラ座の怪人」があって、その「オペラ座」があったからこそ、次のグランプリファイナルでの「オペラ座」があって、そこで感じる物語は全然違うものになっていく。プログラム自体の物語はそう大きく変わることはないんだけれども、見ている側の方々からしてみたら、いろいろな背景が積み重なっていって、全然違うものに見えているんだということは感じていました。それはぼく自身の内面でも、滑りながら感じていたこと。これまでのプログラムたちはいろいろあるけれど、いまそれを1つの大きな物語のなかに詰め込んでいったら、またまったく違った見え方をするんじゃないか。競技時代は結果だったり、いろいろな報道をしていただけたりという背景があったけれども、今度はまた大きな物語として、プログラムに違った生き方、違った見え方をさせてあげたいなというのが、ぼくのなかでアイスストーリーを作り上げた大元ですね。

── それは、やはり競技からプロへと活動の場が移ったことが影響していますか。

羽生 競技時代からプロに変わっていくなかで、フィギュアスケートの立ち位置がかなり変わったかなというのはありますね。競技時代は、やっぱりいちばん最初は自分のために勝ちたい。その原動力として、自分がいい演技をしたら、周りのみなさんに喜んでもらえる。たぶん、その達成感みたいなものと、褒めていただけるということのうれしさで、「勝ちたい」と思いながらフィギュアスケートをやってこられたんだと思うんです。それが、震災をはじめいろいろな経験を通して、誰かのために勝ちたいという気持ちに変わってきた。いまは、競技からプロに転向したことによって勝ち負けというものがなくなって、滑ること自体が「誰かのためになりたい」というふうに変わってきたのかなと。みなさんの人生にとっての1つのピースとなれるようなスケートをしたい。そのスケートを表現するうえで、何かしらのメッセージ性を、より具体的に物語のなかで伝えていけたらいいと思っているんです。

── それは羽生結弦という物語?

羽生 いや、いろいろな人生があって、みなさん

がそのなかで生きていくにあたって、書こうと思えばみんなたぶん一篇の物語になると思うんです。それぞれの物語にたぶん感動もするし、苦しくもなるし。そのなかで、ぼくがこうやってフィギュアスケートという大きな部分を取り上げていただけることによって、みなさんのなかにある程度「羽生結弦の物語」が存在しているんだろうなと感じています。だからみなさんの目から見てぼくのプログラムの見え方も変わっていくのだろうし。でもぼく自身は自分の物語を表現したいというのではなくて、誰でも生きていくときに物語というものが絶対に存在しているなかで、みなさんの人生という物語の、なにかひとつのピースになりたいなという気持ちがつねにあります。

新しい表現のための身体言語を求めて

—— そうした新しい表現のために、いまダンスといった新たな身体言語や、映像技術、また言葉によって脚本を書くというように、表現手段を広げていらっしゃいますが、それによってご自身のフィギュアスケートに質的な転換があったと思うところはありますか。

羽生 「GIFT」クラスの大きなことをやって、もう

出しきれるものは全部出したなと思っていたら、すぐに「RE_PRAY」を書かなきゃいけなくて、もう本当に自分ができうることは最大限全部出しちゃったなって。(笑) だからこそもっと勉強しなきゃいけない。自分としては言葉もいろいろ使いたいし、いろんなジャンルの踊りや、動きの幅をもっともっと出していきたいし。それも、各分野のプロフェッショナルな方々に上手だと思ってもらえるように努力し続けなくてはいけないと思っています。そのダンスや表現的な技術については、いままさに自分の知識量のなさに結構ぶち当たっていて。みなさんが思っている以上に、ぼくはいまわりと壁にぶつかっていると思います。言葉で表現するにしても、ぼくは文系でもないし、大学でも言葉を専攻したわけでもない。踊りに関してもバレエやヒップホップをやってきたわけでもなく、すべて我流なんですが、そこからちゃんと努力してプロとしてのステージに立ちたいという気持ちがあります。ぼくはフィギュアスケートのプロなので、25年間培ってきた表現の技法やメンタリティ、技術がある。それを応用して、言葉やダンスにもつなげたい。なんかいま、本当に手探りで、いろんなところに手が伸びているので、こういう言葉とかも全然まとまってこないんですよね。頭のなかもウワーッてなっていて。いろんなものに手を伸ばして、いろんなものを吸収している状態です。

—— 「RE_PRAY」の舞台芸術としての構成力にも本当に感嘆させられました。第1部の最後で、「セー

ブデータが壊れています」と映し出されたときの驚き
とそこから展開する脚本の力は、まさに劇作家の手に
なるものでした。

羽生 まあ、暗いですよね。(笑)

―― たとえばオファーがあったら、映画化とかにも
関心はありますか?

羽生 いや、ないです、ないです。(笑)もう本当に、
ぼくにとってはすべてがスケートのためなので。ス
ケートのためにいろんなことを勉強したいし、それ
がスケートをより深めてくれると思います。脚本に
しても、構成にしても、そのための表現技術をもっ
と身につけなきゃ、もっと学ばなきゃと思っていま
すね。

―― アイディアを出すことも大変なことだと思いま
すが、「RE_PRAY」はゲームの世界をモチーフにす
るという発想でしたね。

羽生 もともと「GIFT」が終わって、「ファンタジー・
オン・アイス」中だったのかな、次のアイスショーを
したいと思って、いろいろ周囲に動いていただいた
なかで、「こういう会場がこの時期にあるよ」という
話になった。じゃあ作らなきゃとなったときに、どう
してもストーリー形式でこれからも続けたいなとい
う気持ちがあったので、となると何かしら書かなきゃ
いけない。(笑)ずっと「どうしたらいいかな」と悩
んでいたときに、自分の原点はわりとゲームだよな、
と思って。それで物語を書き始めたときに、もう8ビッ
ト系の音で、キャラクターもビットキャラ、ドット絵
でゲームの世界観を出そうと決めた。みんながみん

なゲームに親しんでいるわけでもないので、見に来
てくださる方にどういうふうに届けたらいいかと思
いつつも、演出のMIKIKO先生がなんとかしてく
れるだろうという全信頼のもとで、「もう突き抜けて
いいよ」と先生にも言っていただけたので、突き抜
けて書きました。もちろんぼくが製作総指揮という
立場に立たせていただいていますし、構成や物語
はほぼ全部自分でやっているんですけど、とはいえ
制作陣が信頼できる方々で、本当に魂を込めて作っ
てくださっています。まずは自分がやりたいことを
作って、そこからただ自己満足じゃなくて、みなさ
んに届けられるように、スタッフみんなで作ってい
くという感じ。ぼくがこうしたからうまくいったとい
う実感は、だから正直ないです。みんなで作ったか
らいいものができたんだろうなという実感しかない。

―― 毎公演、異なる発見があります。埼玉公演と
佐賀公演でも、羽生さんの表情が違うように見受け
られました。

羽生 本当ですか。ただがむしゃらにぶちこんでい
るだけなんですけど。でも現役のころより、体力は
ついたかな。第1部の最後なんて、体力の限界で「何

やってるんだろう、バカなのかな……」って思ってるんですけどね。(笑)

心に刻まれているあのシーン

―― 新作のプログラムとともに、これまでのプログラムを再解釈してストーリーのなかに配置するという構成でした。その作業のなかで、やはりご自身の競技人生を振り返る局面もあったかと思うのですが、いま振り返ると心に刻まれているのはどんな場面ですか。

羽生　やっぱりいちばん最初は2004年の全日本ノービス(ノービスB＝優勝)。初めて全日本ノービスで優勝したときの印象はすごく残っています。そもそも全日本と冠した試合が初めてでしたし、その前の段階でも新人発掘合宿があり、ブロック大会がありと、いろんな選手と触れ合う機会はあったんですけど、やはり全日本となると、ノービスとはいえ見に来てくださる方の数とか、ジャッジの数も違う。そのなかで自分にとって完璧な演技ができて、優勝して、点数も自分が思っているより高くついていて、という。そのときのざわめきとか、見てくださっている方々の「おお～」という歓声だとか、自分がきれいにダブルアクセルを跳べた時の感覚だったりとか、あれはもう……自分の成功体験のなかでもいちばん大きな成功体験だったと思っています。あれによってフィギュアスケートがより好きになったといっても過言ではないかなって。で、あれがあって過信して、調子にのって。(笑)でもリンクがつぶれちゃって苦しくて、そこから思い出したくないくらいの暗黒時代が自分のなかであって……。

そのあと自分のなかで大切なのは、ニース(2012年ニース世界選手権＝3位)。ニースのフリーを滑ったときが、初めて自分のなかで応援していただいているという実感をもらった機会だった。それまでは、自分のなかで「結局は滑るのは自分自身じゃん」って思っていたんです。ぼくが努力できたかできてないかであって、結局その場でぼくが力を発揮できるかどうかだ、と思っていたんですけど、ニースで初めて応援の力だったり、自分をサポートしてくれるメンバーの方々の力だったりを、自分の演技のさなかに実感した。支えていただけること、サポートしてもらえること、応援していただけることって、全然当然なことじゃないんだなと、なんか実感できた大切な瞬間でした。

―― 僭越ながら、小誌で初めて表紙を飾っていただいた大会でした。

羽生　(53号を手に)ね～、若い！　ニースはやっぱり原点です。本当にこのときしかできない演技だったなあと。この「ロミジュリ」ももうこのクオリティではできない。それもフィギュアスケートの面白さですよね。

―― ニースのあとだと?

羽生　えっと……意外と、オリンピックは出てこないんですけど、やっぱりヘルシンキワールド(2017年ヘルシンキ世界選手権＝優勝)。いまだに自分で動画を見ても、あのときの歓声だったり、自分のあのころの心境、またプログラムの完成度とか、そういうのを見ているとなんだかうるっと来ますね。あのシーズンは本当に苦しくて、ショートもうまくいかないし、ずっと跳べなかったジャンプたちが存在していて、あの試合のあの歓声と、歓声とは裏腹に自分のなかに持っていたひたすら静かな空間……あの特別な感覚は、フィギュアスケートを超えて、自分の人生のなかで本当に特別な空間であり、時間だったなと思っています。いまはオリンピックよりも、ヘルシンキワールドのほうが大切だったなと思うんですよ。

―― すべてとつながることができた瞬間という感じだったのでしょうか。

羽生　そうですね、うん。自分がいちばん必要とするというか……自分が人生のなかでいちばんいたい空間、心地のよい時間というものが、きっとああいう瞬間なんだろうなと。そういう時間を大切にしなきゃいけないんだろうなと、いまは思っています。

やっぱり、うまくなりたい

―― 現在のプロとしての活動を拝見していても、何年も前の現役時代にインタビューで口にされていた言葉がここにつながってくるんだと思わされることがあるのですが、そのぶれない芯にあるものは、ご自分ではなんだと思っていますか。

羽生　やっぱり、うまくなりたいんですよね。そのうまくなりたい、強くなりたい、挑戦し続けたいという根源が何かって聞かれたら、やっぱり褒めてもらいたいとか、みんなによかったと思っていただきたいとか。あとはいまの自分の言葉で言うと、なにかしらの感情をもつきっかけになりたいとか。いろいろな要因があるなかで、年を重ねていくことによって、もっともっとその要因が増えていっている。だから単純には言えないんですけど、でも昔から変わらず、ただただうまくなりたい。うまくなって強くなっ

2017年ヘルシンキ世界選手権 FS「Hope & Legacy」　©M.Sugawara/Japan Sports

て、体力をもっとつけて、表現したいこと、イメージしていることを体現したいということは、つねに変わっていないのかなと思います。

—— 以前、羽生さんはインタビューで、野村萬斎さんはつねにトップであり続けていると話されていました。羽生さん自身も、年月を重ねても観客のみなさんが期待するイメージを保っておられますが、保つためには恐らく、ご自分のなかでは大きく変化していっているものがあるのではないかと思うのですが。

羽生 確かに。たとえば萬斎さんがやっておられる狂言は、伝統的な芸能が本当に好きだという方にとっては、言い方が難しいですが、いわゆる色物に見えるということもあると思うんですね。歌舞伎にしてもゲームをもとにした歌舞伎が上演されているし、萬斎さんがやっておられるのはいろいろなテクノロジーを使って、まったく違う新しい現代の狂言や能にもチャレンジされている。で、それをすごく楽しみにされているお客さまがいるわけです。伝統を重んじている方や、普通に能楽堂で見たいと思っている方からしてみたら異質なものではあるけれども、ある意味ぼくたちからしてみたら、その異質さこそが「野村萬斎」だよねと。現代の野村萬斎には、この異質さがあって、ドラマにも出るし、俳優もやる。そのかっこよさがつねに存在しているからこそ萬斎さんだと、ぼくのなかでは捉えている。

きっと、フィギュアスケート界にとって、「羽生結弦」という存在はかなり異質だとぼくは思います。でも、なんか、その異質さがあってこそ……フィギュアスケートをずっと見てきて、そのフィギュアスケートの歴史のなかで羽生結弦というスケーターを気に入ってくださった方々からしてみたら、「あ、フィギュアスケートってこういう表現の仕方があるんだ」とか、「いや、むしろもっと普通に滑ってほしい」とかね、もしかしたらいろいろあるのかもしれない。でも、結局、ぼくが表現したいことって、フィギュアスケートだけじゃ足りないんだと思うんですよ。萬斎さんも、野村家という代々継いでいかなければならないものがあるところに生まれながら、でもロックが好きだったり、バンドを組んだり、それがまた狂言につながっていっている。それがたぶんぼくの場合は、フィギュアスケートで表現したいものが、フィギュアスケートだけじゃ足りないということになるのかなと。いわゆる「型」はフィギュアスケートにも存在していますが、でも映像技術だったり、いろんなテクノロジーであったり、舞台装置だったり、もう氷上から出て、「RE_PRAY」がとくにそうですが、

延長線上にあるいろんな表現を無音のなかでやるとか。それはフィギュアスケートなのかと言われたらもうわからないけれども、ぼくが表現したいことをフィギュアスケートにぶちこんでいる、という形が、いまはいちばんしっくりくるんです。で、たぶんそれこそが、みなさんにとっての「羽生結弦」なんじゃないかと思う。自分のなかでは揺れ動きはするし、表現したいこともちろん変わっていくんですけど、やっぱり羽生結弦だよねと思っていただけるのは、その表現したいこと、目指しているものがたぶん競技時代からずっと変わっていないから。人間としての魂から出てくる表現は、ずっと変わっていない。だから、変わり続けているけれども、変わらずに見てもらえるのかなという思いはあります。自分が表現したいことが、フィギュアスケートに乗っかっている。いまもいろいろ勉強して、いろいろなものに手を伸ばして、どんどん進化したいと思っているのは、きっとフィギュアスケートに乗せるための技術が、フィギュアスケートだけでは足りなくなってきちゃったからなのかなと思います。漠然と、ですけどね。

—— 私たちはその羽生さんの姿を見て楽しんでいます。

羽生 楽しんでもらえるのが何よりうれしいですよ。大変ではあるけど。

—— ご自身で手がけているYouTubeや、TV放送、ライブビューイング、配信など、さまざまなチャンネルを通して羽生さんの表現がさらに広がっていきますね。

羽生 そうですね、日本人であって、東北人であって、仙台人であるという、この文化だからこそ出てくる自分のなかのリズムがきっとあると思うんですよ。それがぼくのフィギュアスケートには出ているはずで、それがたとえば英語に翻訳されたり、写真になったりしたときにも感じてもらえるように、これからも磨いていかなきゃいけないし、誇りをもって自分の表現の場であるフィギュアスケートを大事にしたいと思っています。

＊

フィギュアスケートを拡張し、更新し続けていく気概に満ちた羽生結弦の言葉。その端々から、フィギュアスケートへの深い想いが伝わってきた。選ばれし者の宿命のようなものを背負いながら、しなやかに力強く前へ進んでいく——。フィギュアスケートというジャンルの進化と深化を、これからも推し進めてくれるに違いない。

（取材：編集部）

「プロローグ」 ©Yazuka Wada

「GIFT」 ©2023 GIFT Official

「notte stellata」 ©Yazuka Wada

「スターズ・オン・アイス」 ©World Figure Skating/Shinshokan

「ファンタジー・オン・アイス」
©Nobuaki Tanaka/Fantasy on Ice 2023

1994年12月7日、宮城県仙台市出身。
オリンピック2連覇、男子初のスーパースラムを達成。
2018年、個人最年少で国民栄誉賞を受賞。
2022年7月19日、プロアスリートへの転向を発表。
2023年2月26日には、自ら制作総指揮を務めた
フィギュアスケート初の東京ドーム単独公演「GIFT」を
成功させたのをはじめ、新境地を切り拓いている。
同年11月〜2024年2月には、初のツアー「RE_PRAY」を開催。
3月8〜10日は地元・宮城で「notte stellata」に出演。

ICE STORY 2nd 「RE_PRAY」 ©Yazuka Wada

WORLD FIGURE SKATING
ワールド・フィギュアスケート

ワールド・フィギュアスケート 表紙ギャラリー

1999.12 表紙:ミシェル・クワン
GPアメリカ、カナダを掲載。特集でメダリストたちのいまに迫る。
Interview:本田武史、伊藤みどり、ヤグディン、クワン、ゲイブル、ストイコほか

1999年秋創刊の「ワールド・フィギュアスケート」は、今号で100号を迎えることができました。これもひとえに、ご愛読いただいている読者の皆様のおかげと、心より御礼申し上げます。

長野オリンピックの翌年にスタートし、ソルトレイクシティ、トリノ、バンクーバー、ソチ、平昌、北京と6つのオリンピックを超えて、フィギュアスケートというアーティスティック・スポーツの世界をお伝えしてまいりました。世界選手権、国内外の大会はもちろん、話題のアイスショーについても取材を重ね、その素晴らしさをお届けしております。これからも、国内外のスケーターの皆様を全力で応援するとともに、フィギュアスケートの魅力を発信してまいります。

記念号のスペシャル企画として、創刊号のミシェル・クワン選手から99号の宇野昌磨選手まで全号の表紙を掲載いたします。時代を彩ったアスリートたちの輝きの瞬間をお楽しみください。

No.2 2000.5 表紙:マリナ・アニシナ&グヴェンダル・ペイゼラ
ニース世界選手権を現地取材。
Interview:本田武史、クワン、ヤグディン、ストイコ、アニシナ&ペイゼラ、佐藤有香ほか

No.3 2000.12 表紙:イリーナ・スルツカヤ GPアメリカ、カナダをレポート。
Interview:アプト、村主章枝、椎名千里×山崎愛里彩×田村岳斗、佐藤&ダンジェン、八木沼純子、クリロワ&オフシャニコフほか

No.4 2001.2 表紙:エフゲニー・プルシェンコ NHK杯、国際オープン、世界プロ選手権を中心に中盤戦をレポート。
Interview:クーリック、ウソワ&プラトフ、ヴィンクラー&ローゼ、ストイコ、ペイゼラほか

No.5 2001.10 表紙:サラ・ヒューズ プルシェンコ初優勝のバンクーバー世界選手権、GPファイナルをハイライトで掲載。選手名鑑つき。
Interview:ヤグディン、S.ヒューズ、スルツカヤ、本田武史ほか

No.6 2001.12 表紙:アレクセイ・ヤグディン 巻頭はキャンデローロ・ジャパンツアー。GP前半戦をレポート。
Interview:キャンデローロ、ボナリー、荒川静香、竹内洋輔、恩田美栄、佐野稔、田村岳斗ほか

No.7 2002.4 表紙:本田武史
ソルトレイク・オリンピック特集。現地レポートと写真で振り返る。シーズン後半戦も一挙掲載。
Interview:五十嵐文男、ウルマノフ、マリナ、有川&宮本

No.8 2002.10 表紙:アレクセイ・ヤグディン 長野世界選手権を特別レポート。
Interview:クラーツ、コーエン、ヴォルチコワ、バトル、キャロル、アプト、キャンデローロ、髙橋大輔、安藤美姫、田村正人ほか

No.9 2002.12 表紙:アレクサンドル・アプト GPシリーズ前半戦を掲載。
Interview:本田武史、恩田美栄、デンコワ&スタヴィスキー、キャンデロロ、佐藤有香、ドロビアツコ&ヴァナガス、荒川静香ほか

No.10 2003.4 表紙:エフゲニー・プルシェンコ 巻頭レポートはGPファイナル。
Interview:アニシナ&ペイゼラ、クーリック、ブラウニング、ヤグディン、シェン&ツァオ、中野友加里、浅田舞&真央ほか

No.11 2003.10 表紙:ティモシー・ゲイブル ワシントン世界選手権をレポート。
Interview:クワン、キャンデローロ、プルシェンコ、アプト、ニコル、チャイコフスカヤ、ミーシン、ジュベール、コストナーほか

No.12 2003.12 表紙：アレクセイ・ヤグディン 引退宣言のヤグディンが巻頭で登場。前半戦を掲載。
Interview：ヤグディン、荒川静香、本田武史、髙橋大輔、太田由希奈、田村岳斗、若松＆フェクトウほか

No.13 2004.3 表紙：村主章枝 村主がGPファイナル初優勝。
Interview：ボイタノ、ヤマグチ、オーサー、グルシナ＆ゴンチャロフ、リアシェンコ、都築＆宮本、パン＆トン、ジャン＆ジャンほか

No.14 2004.5 表紙：荒川静香 荒川静香が新世界女王に輝いたドルトムント世界選手権を特集。
Interview：荒川静香、プラトフ、ジュベール、リンデマン、ランビエル、ウィアー、クーリックほか

No.15 2004.11 表紙：タニス・ベルビン＆ベンジャミン・アゴスト 巻頭はGPアメリカ。選手名鑑つき。
Interview：安藤美姫、本田武史、ヤグディン、アニシナ＆ペイゼラ、プルシェンコほか

No.16 2005.1 表紙：安藤美姫 GPファイナル、浅田が優勝のJGPファイナルの模様を掲載。
Interview：デロベル＆シェンフェルデール、サンデュー、セペスチャン、ヤグディン、城田憲子ほか

No.17 2005.3 表紙：エフゲニー・プルシェンコ トリノ開催のヨーロッパ選手権をレポート。四大陸選手権も掲載。
Interview：フサール＝ポリ、オベルタス＆スラフノフ、キム・ヨナ、S.ヒューズ、樋口豊ほか

No.18 2005.4 表紙：浅田真央 世界選手権、浅田と織田が優勝した世界ジュニア選手権をレポート。
Interview：ランビエル、バトル、村主章枝、浅田真央、織田信成、バイウル、平松純子ほか

No.19 2005.10 表紙：安藤美姫 巻頭はドリーム・オン・アイス。五輪シーズンの注目選手がわかる「世界のスケーター70」を収録。
Interview：シュイナール、濱田美栄＆田村岳斗ほか

No.20 2005.12 表紙：髙橋大輔 髙橋のGP初優勝、浅田のシニア初戦を含むGP前半戦を掲載。
Interview：髙橋大輔、ライサチェック、中野友加里、織田信成、浅田真央、ベジックほか

No.21 2006.2 表紙：村主章枝 巻頭は村主、髙橋が制した全日本選手権。浅田のGP初優勝、GPファイナル初制覇、NHK杯も掲載。
Interview：ヤグディン、ランビエル、ジャン＆ジャンほか

No.22 2006.4 表紙：荒川静香 トリノ・オリンピック総特集。荒川静香、アジア初の金メダル獲得を現地取材で完全レポート。
Interview：トトミアニナ＆マリニン、五十嵐文男ほか

No.23 2006.5 表紙：キミー・マイズナー 世界選手権、世界ジュニアを掲載。本田武史が現役引退を語る。
Interview：ランビエル、デンコフ＆スタヴィスキー、織田信成、井上＆ボルドウィン、小塚崇彦ほか

No.24 2006.10 表紙：ステファン・ランビエル ドリーム・オン・アイスを巻頭で紹介。3地域対抗のチーム戦ジャパンオープンをレポート。
Interview：ウィアー、リニチュック、ヤグディン、ランビエルほか

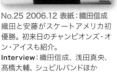

No.25 2006.12 表紙：織田信成 織田と安藤がスケートアメリカ初優勝。初来日のチャンピオンズ・オン・アイスを巻頭でレポート。
Interview：織田信成、浅田真央、髙橋大輔、シュピルバンドほか

No.26 2007.2 表紙：キム・ヨナ キム・ヨナ優勝のGPファイナルと浅田初優勝、髙橋2連覇の全日本選手権を掲載。
Interview：荒川静香、プルシェンコ、コーエン、モロゾフほか

No.27 2007.4 表紙：浅田真央 巻頭はヨーロッパ選手権。世界選手権プレビュー、四大陸選手権、スターズ・オン・アイスも掲載。
Interview：シュデク＆シュデク、マイズナー、エルドリッジほか

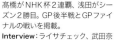

No.28 2007.5 表紙：安藤美姫
安藤が初の世界女王、浅田と髙橋が銀。東京世界選手権を総力取材。
Interview：安藤美姫、浅田真央、髙橋大輔、ランビエル、中野友加里、織田信成、ベルントソンほか

No.29 2007.10 表紙：ステファン・ランビエル　チャンピオンズ・オン・アイスをはじめアイスショーを一挙紹介。ウィアー、ランビエルらの独占インタビューDVD付。
Interview：モロゾフ、バトルほか

No.30 2007.12 表紙：ブライアン・ジュベール　GP前半戦を掲載。30号記念、表紙を飾ったスターたち。
Interview：髙橋大輔、浅田真央、村主章枝、ペシャラ＆ブルザ、ジュベール、P・チャン、ミーシンほか

No.31 2008.2 表紙：髙橋大輔
髙橋がNHK杯2連覇、浅田がシーズン2勝目。GP後半戦とGPファイナルの戦いを掲載。
Interview：ライサチェック、武田奈也、ストイコ、ケア＆ケアほか

No.32 2008.4 表紙：浅田真央
浅田と髙橋が初優勝した四大陸選手権を巻頭に掲載。
Interview：浅田真央、髙橋大輔、ドムニナ＆シャバリン、ヴェルネル、長洲未来、ウィアーほか

No.33 2008.5 表紙：浅田真央
浅田が17歳で初の世界女王に。世界選手権を徹底レポート。
Interview：浅田真央、バトル、デロベル＆シェンフェルデール、中野友加里、髙橋大輔ほか

No.34 2008.10 表紙：ジョニー・ウィアー　ドリーム・オン・アイスを中心に夏のアイスショーを紹介。全日本シニア合宿の様子を公開。
Interview：荒川静香、ベルビン＆アゴスト、ゲイブルほか

No.35 2008.12 表紙：キム・ヨナ
キム・ヨナ2連勝、小塚GP初制覇、GP前半の熱戦を掲載。
Interview：キム・ヨナ、小塚崇彦、ウィアー、P・チャン、ライサチェック、安藤美姫、バトルほか

No.36 2009.2 表紙：浅田真央
巻頭はGPファイナル。特別企画でスケート王国愛知の魅力に迫る。
Interview：浅田真央、アボット、小塚崇彦、ロシェット、ドムニナ＆シャバリン、伊藤みどりほか

No.37 2009.4 表紙：テッサ・ヴァーチュー＆スコット・モイア
四大陸選手権、全日本選手権も掲載。
Interview：P・チャン、パン＆トン、鈴木明子、タラソワほか

No.38 2009.5 表紙：キム・ヨナ
世界選手権、世界ジュニアを掲載。
Interview：ライサチェック、キム・ヨナ、安藤美姫、浅田真央、ドムニナ＆シャバリン、ヴァーチュー＆モイア、小塚崇彦ほか

No.39 2009.10 表紙：髙橋大輔
氷上復帰の髙橋をデトロイトで直撃取材。ランビエル×小林十市のスペシャル対談も収録。
Interview：髙橋大輔、カメレンゴ、長光歌子、プルシェンコほか

No.40 2009.11 表紙：エフゲニー・プルシェンコ　プルシェンコ復活GPロシア、髙橋復帰戦、シーズン前半戦を掲載。
Interview：織田信成、浅田真央、オーサー、ウィアー、羽生結弦ほか

No.41 2010.1 表紙：エヴァン・ライサチェック　巻頭は東京GPファイナル。GPシリーズ後半も一挙掲載。
Interview：髙橋大輔、ライサチェック、ツァオ、デイヴィス＆ホワイト、ジュベールほか

No.42 2010.3 表紙：浅田真央
全日本選手権、ヨーロッパ選手権をレポート。各国選手権も。
Interview：浅田真央、プルシェンコ、ランビエル、川口悠子＆スミルノフ、荒川静香、マカロワほか

No.43 2010.5 表紙：髙橋大輔
浅田、髙橋が世界選手権優勝。村上、羽生が世界ジュニア制覇。バンクーバー五輪ダイジェスト収録。
Interview：髙橋大輔、ジュベール、ヴァーチュー＆モイアほか

No.44 2010.9 表紙：ステファン・ランビエル　7年ぶりに復活したファンタジー・オン・アイス。男子スケーターの座談会を収録。髙橋大輔、全日本シニアの合宿も。
Interview：荒川静香、髙橋大輔

No.45 2010.12 表紙：髙橋大輔
GPシリーズ前半3戦をレポート。
Interview：安藤美姫、小塚崇彦、鈴木明子、コストナー、ヴァーチュー＆モイア、プルシェンコ、ランビエル、ウィアー、ビランほか

No.46 2011.1 表紙：村上佳菜子
GPファイナル、GP後半戦を掲載。
Interview：村上佳菜子、髙橋大輔、織田信成、羽生結弦、小塚崇彦、浅田真央、髙橋＆トラン、シズニー、P・チャン、アモディオほか

No.47 2011.3 表紙：髙橋大輔
四大陸選手権、ヨーロッパ選手権、全日本選手権をレポート。荒川×J.グローバンの対談も収録。
Interview：ペシャラ＆ブルザ、マイヤー、ランビエル、ヘナーほか

No.48 2011.5 表紙：安藤美姫
巻頭は世界選手権。東日本大震災直後の大会で安藤優勝、小塚が銀。
Interview：安藤美姫、小塚崇彦、髙橋大輔、P・チャン、ヴォロソジャル＆トランコフ、太田由希奈ほか

No.49 2011.9 表紙：浅田真央
夏のアイスショーを一挙掲載。羽生×ウィアーのスペシャル対談。
Interview：荒川静香、小塚崇彦、伊藤みどり、ジュベール、ランビエル、プルシェンコほか

No.50 2011.11 表紙：エリザヴェータ・トゥクタミシェワ
GPアメリカ、カナダをレポート。スペシャル対談ランビエル×町田第1弾、荒川×倉木麻衣も収録。
Interview：髙橋大輔、ブレジナ、トゥクタミシェワ、オーサーほか

No.51 2012.1 表紙：髙橋大輔
髙橋、鈴木がGPファイナルで銀、羽生がロシアでGP初優勝。
Interview：鈴木明子、髙橋大輔、羽生結弦、リピニツカヤ、ナン・ソン、ムロズほか

No.52 2012.3 表紙：エフゲニー・プルシェンコ
四大陸選手権、ヨーロッパ選手権、全日本選手権をレポート。年末年始のアイスショーも紹介。
Interview：安藤美姫、P・チャン、プルシェンコほか

No.53 2012.5 表紙：羽生結弦
ニース世界選手権を総力取材。
Interview：髙橋大輔、鈴木明子、浅田真央、村上佳菜子、小塚崇彦、髙橋＆トラン、ヴァーチュー＆モイア、ワグナーほか

No.54 2012.9 表紙：浅田真央
THE ICE、ドリーム・オン・アイスをはじめ、夏のアイスショーを特集。世界国別対抗戦も掲載。
Interview：プルシェンコ、荒川静香、髙橋大輔、バトルほか

No.55 2012.12 表紙：小塚崇彦、羽生結弦、町田樹　日本男子がGP開幕戦スケートアメリカの表彰台を独占。
Interview：小塚崇彦、羽生結弦、町田樹、ランビエル×町田ほか

No.56 2013.1 表紙：髙橋大輔
浅田、髙橋ダブル優勝のGPファイナルを巻頭でレポート。
Interview：浅田真央、髙橋大輔、無良崇人、日野龍樹、ワグナー、長洲未来、ラジオノワほか

No.57 2013.3 表紙：羽生結弦
羽生初優勝の全日本選手権、ヨーロッパ選手権の模様を掲載。
Interview：フェルナンデス、ベルトン＆ホタレック、トゥクタミシェワ、ミーシン、ランビエルほか

No.58 2013.5 表紙：パトリック・チャン　チャン3連覇達成の世界選手権、世界ジュニア選手権、四大陸選手権、熱戦の模様をレポート。
Interview：P・チャン、髙橋大輔、D・テン、レイノルズほか

No.59 2013.7 表紙：髙橋大輔
巻頭は日本初上陸のアート・オン・アイス。世界国別対抗戦も掲載。
Interview：浅田真央、ゴールド、メンショフ、コフトゥン、スルツカヤ、樋口豊

No.60 2013.9 表紙：浅田真央
アイスショー特集。AI×安藤、オーサー×ウィルソンの対談も収録。さらに髙橋大輔の合宿を密着取材。
Interview：髙橋大輔、羽生結弦、プルシェンコ、ミーシンほか

No.61 2013.12 表紙：浅田真央
巻頭は五輪シーズン開幕戦GPアメリカ。GP前半戦を振り返る。
Interview：髙橋大輔、ラジオノワ、アーロン、ヴァーチュー＆モイア、P・チャン、佐藤有香ほか

No.62 2014.1 表紙：羽生結弦
浅田、羽生優勝のGPファイナルを中心に、GP後半戦をレポート。
Interview：羽生結弦、町田樹、田中刑事、ヴォロソジャル＆トランコフ、ワグナー、宮本賢二ほか

No.63 2014.5 表紙：浅田真央
巻頭は浅田＆羽生W優勝、町田銀のさいたま世界選手権、ソチ・オリンピックハイライトを掲載。
Interview：浅田真央、羽生結弦、町田樹、アボットほか

No.64 2014.7 表紙：羽生結弦
大阪エキシビション、プリンスアイスワールド、スターズ・オン・アイスなど、春のアイスショーを掲載。羽生の仙台凱旋を追う。
Special Interview：プルシェンコ

No.65 2014.9 表紙：髙橋大輔
夏のアイスショーを一挙紹介。町田×ランビエルの対談も収録。
Interview：髙橋大輔、羽生結弦、町田樹、オーサー、フェルナンデス、バトル、ウィアーほか

No.66 2014.12 表紙：町田樹
GPシリーズ前半戦をレポート。
Interview：町田樹、無良崇人、村上佳菜子、今井遥、ブラウン、D・テン、ミルズ、トゥクタミシェワ、リプニツカヤ、ランビエルほか

No.67 2015.1 表紙：髙橋大輔
髙橋大輔総特集。恩師らのインタビュー、写真とともに軌跡を辿る。
Interview：長光歌子、モロゾフ、本田武史、ニコル、宮本賢二、カメレンゴほか

No.68 2015.2 表紙：羽生結弦
全日本選手権を徹底レポート。羽生覇のGPファイナルも掲載。
Interview：羽生結弦、フェルナンデス、本郷理華、宇野昌磨、山本草太、樋口新葉ほか

No.69 2015.5 表紙：羽生結弦
世界選手権、世界ジュニアを特集。
Interview：フェルナンデス、羽生結弦、トゥクタミシェワ、宮原知子、デュハメル＆ラドフォード、パパダキス＆シゼロンほか

No.70 2015.9 表紙：荒川静香
ファンタジー・オン・アイスを中心に夏のアイスショーを紹介。全日本シニア合宿の様子を公開。
Interview：荒川静香、プルシェンコ、ワグナーほか

No.71 2015.12 表紙：浅田真央
GPシリーズ前半戦を現地取材。フレンズオンアイス10周年記念企画も。
Interview：宇野昌磨、宮原知子、リプニツカヤ、永井優香、村上佳菜子、リッポン、村上大介ほか

No.72 2016.1 表紙：羽生結弦
羽生結弦が300点を突破したNHK杯、GPファイナルを掲載。
Interview：P・チャン、N・チェン、山本草太、シブタニ＆シブタニ、ピトケーエフ、佐藤信夫ほか

No.73 2016.4 表紙：宮原知子
全日本選手権、四大陸選手権をレポート。羽生、荒川らが共演のNHK杯スペシャルEXリハーサルに密着。
Interview：宮原知子、ウィアー、スカリ、スメカーロフほか

No.74 2016.5 表紙：ハビエル・フェルナンデス
ボストン世界選手権現地レポート、世界ジュニア選手権を掲載。小塚崇彦引退インタビューも。
Interview：羽生結弦、フェルナンデス、本田真凜ほか

No.75 2016.8 表紙：浅田真央
浅田真央が巻頭インタビューに登場。春のアイスショー、髙橋大輔が出演したダンス公演をレポート。
Interview：ヴァーチュー＆モイア、伊藤みどり、岡崎真、小川勝ほか

No.76 2017.1 表紙：羽生結弦
羽生結弦が4連覇したGPファイナルをはじめGP全戦をカバー。
Interview：宇野昌磨、ヴァーチュー＆モイア、N・チェン、ランビエル、ストイコほか

No.77 2017.4 表紙：宇野昌磨
四大陸選手権、ヨーロッパ選手権、アジア大会、全日本選手権を一挙紹介。追悼・藤森美恵子さん。
Interview：N・チェン、村元＆リード、田中刑事、ゾルコーヴィほか

No.78 2017.5 表紙：羽生結弦
浅田真央引退緊急特集。世界選手権、世界ジュニア選手権をレポート。
Interview：T・ウィルソン、宇野昌磨、三原舞依、スイ＆ハン、オズモンド×デールマン、杉田秀男ほか

No.79 2017.9 表紙：浅田真央、ジェフリー・バトル
浅田真央最後のザ・アイス、羽生結弦の公開練習のほか、DOIアフターパーティ独占取材。宇野昌磨×N・チェン対談。
Interview：テン、フェルナンデス

No.80 2018.1 表紙：宇野昌磨
名古屋開催のGPファイナルを中心にGPシリーズ全戦をレポート。
Interview：パパダキス＆シゼロン、ヴァーチュー＆モイア、コストナー、ランビエル、佐藤有香ほか

No.81 2018.2 表紙：宮原知子
日本代表選手をクローズアップするほか、各国の選手権レポートとともに平昌オリンピックを展望。
Interview：村上佳菜子、ザギトワ、サレ＆ペルティエほか

No.82 2018.5 表紙：ネイサン・チェン
ミラノ世界選手権の詳報、平昌オリンピックのハイライト。
Interview：N・チェン、サフチェンコ＆マッソ、カッペリーニ＆ラノッテ、村元＆リードほか

No.83 2018.12 表紙：髙橋大輔
競技復帰した髙橋大輔が巻頭インタビューに登場。GP前半戦、町田樹の引退パフォーマンスも掲載。
Interview：N・チェン、宮原知子、ジュンファン、山下真瑚、友野一希ほか

No.84 2019.2 表紙：宇野昌磨、高橋大輔、田中刑事 GP後半から全日本選手権までの中盤戦をレポート。 Interview：高橋大輔、N・チェン、ザギトワ、ジョウ、ジュベール、ランビエルほか

No.85 2019.5 表紙：アリーナ・ザギトワ さいたま世界選手権を大特集。町田樹アワードがスタート。高橋大輔×福士誠治、荒川静香×柚希礼音も掲載。 Interview：パパダキス＆シゼロン、L・ニコルほか

No.86 2019.12 表紙：羽生結弦 GP前半3戦、氷艶、D・テン追悼アイスショーのレポートを掲載。 Interview：シェルバコワ、樋口新葉、友野一希、島田高志郎、田中刑事、N・チェン、浅田真央ほか

No.87 2020.1 表紙：アリョーナ・コストルナヤ、アンナ・シェルバコワ、アレクサンドラ・トゥルソワ GPファイナル、GP後半戦を掲載。 Interview：佐藤駿、鍵山優真、イェン・ハン、ランビエルほか

No.88 2020.4 表紙：羽生結弦 羽生結弦がスーパースラム達成の四大陸選手権を詳報。ユースオリンピックでは鍵山優真×河辺愛菜×吉田唄菜×西山真瑚の座談会も。 Interview：デュハメル、ボーヤン

No.89 2020.8 表紙：鍵山優真 パンデミック下で再始動するチームジャパン強化合宿が巻頭特集。レポートは世界ジュニア選手権。 Interview：キャシー・リード、ランビエル、竹内洋輔ほか

No.90 2020.12 表紙：ネイサン・チェン 無観客で行われたスケートアメリカ、中国杯、国内選手権のほか、浅田真央ツアーも掲載。 Interview：村元哉中＆高橋大輔、ヴォロノフ、駒場幸大ほか

No.91 2021.2 表紙：羽生結弦 巻頭スペシャルは全日本選手権。NHK杯、ロステレコム杯のレポートのほか、巻末ではアニメ「スケートリーディング☆スターズ」を特集。 Interview：三原舞依ほか

No.92 2021.5 表紙：鍵山優真 北京オリンピックの出場枠をかけた世界選手権を巻頭で詳報。創刊20周年記念町田樹氏講演を誌上採録。 Interview：鍵山優真、ブラウン、シェルバコワ、トゥクタミシェワほか

No.93 2021.12 表紙：宇野昌磨 本格的な国際大会として再開したGPをNHK杯まで4戦掲載。スペシャル対談室海風斗×有川ひろ。 Interview：三浦璃来＆木原龍一、ジョウ、ハベル＆ダナヒューほか

No.94 2022.2 表紙：羽生結弦 オリンピック最終選考の全日本選手権を巻頭でレポート。ロングインタビューに友野一希、スペシャルインタビューに岡本知高が登場。

No.95 2022.5 表紙：宇野昌磨 世界選手権を現地取材。北京オリンピックハイライト、ネイサン・チェンのスペシャルインタビューほか。 Interview：坂本花織、パパダキス＆シゼロン、ウクライナ代表ほか

No.96 2022.12 表紙：坂本花織 スケートアメリカ、スケートカナダを現地レポート。2022年世界ジュニア選手権も掲載。 Interview：グラッスル、ブラウン、ストイコ、佐藤有香ほか

No.97 2023.3 表紙：宇野昌磨 全日本選手権、GPファイナルなど中盤戦を一挙にカバー。「コスチューム・ワールド」第1回は伊藤聡美。 Interview：坂本花織、三原舞依、三浦＆木原、三浦佳生ほか

No.98 2023.5 表紙：三浦璃来＆木原龍一 日本勢が3冠達成のさいたま世界選手権を巻頭で特集。 Interview：村元哉中＆高橋大輔、友野一希、ジュンファン、オーサー、伊藤みどり、原孟俊ほか

No.99 2023.12 表紙：宇野昌磨 GP、羽生結弦「RE_PRAY」のほか、「ワンピース・オン・アイス」を特集。 Interview：鍵山優真、三浦佳生、住吉りをん、P・チャン、マリニナ、田中刑事×中井和哉ほか

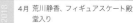

四大陸選手権2024

鍵山優真、初めての頂

2月1〜4日、四大陸選手権が中国・上海のSPDバンク・オリエンタル・スポーツセンターで開催。
鍵山優真が300点超えの圧勝で初優勝を飾り、佐藤駿が2年連続表彰台に上がる2位、
初出場の山本草太が4位に入った。前回銅メダルの千葉百音が自己ベストを更新して初優勝、
渡辺倫果は3位で自身初のISU選手権メダルを獲得、三原舞依は7位。
三浦璃来＆木原龍一が復帰戦で2位に入る健闘を見せた。
ペアではステラート＝ドゥダク＆デシャン、アイスダンスではギレス＆ポワリエと、
カナダ勢から新チャンピオンが誕生した。

文：編集部　Texts by World Figure Skating

鍵山優真

男子シングル1位

　優勝を狙って臨んだ今大会、307.58点の大台突破で初優勝を飾り、自身初のISU選手権タイトルを手にした。
「素直に結果に対してすごくうれしく感じますし、4回転フリップに挑戦できたこともうれしく思います。すごく調子がよかったのでフリップ含めて降りたかったなという思いはもちろんあったんですけれども、その後もトウループ、アクセルをしっかりまとめることができたので、そこらへんは成長できた部分だったかなと思います。（世界選手権は）300点を出してもギリギリの戦いになってくると思う。トップの人は300点をしっかり出せるポテンシャルがあると思うので、ぼくもそこに負けずにもっともっと自分自身をアピールできるようにがんばりたいなと思っています。（今回は）ショートプログラムから勝ちを意識していて。日本で練習しているときから「勝ちを意識して」と言われていたので、そうやってずっと練習してきたおかげなのか、変にプレッシャーにならず、プラスの感情でやれた。これが基準となって世界選手権も強い気持ちでいけたらいいなと思っています」

YUMA KAGIYAMA

2003年5月5日、横浜生まれ。オリエンタルバイオ／中京大学所属。2022年北京オリンピック銀メダリスト。今季はGPフランス3位、NHK杯1位、GPファイナル3位、全日本選手権2位。2024年四大陸選手権でISU選手権初優勝。

怪我を経て国際大会に復帰した今シーズン、ついにISUチャンピオンシップのタイトルを手にした鍵山優真
Yuma Kagiyama (JPN) ©Manabu Takahashi

三浦璃来&木原龍一

ペア2位

競技後に行われた会見で、揃ってとびきりの笑顔を見せる ©Manabu Takahashi

RIKU MIURA & RYUICHI KIHARA

三浦は2001年12月17日、宝塚生まれ。木原は1992年8月22日、東海生まれ。2019年に結成し、2023年世界選手権で初優勝。今季は木原の怪我のためGPシリーズを欠場、復帰戦となった2024年四大陸選手権で2位。

木原の腰の怪我による休養期間を経て、5ヵ月ぶりに今季2戦目を迎えた2人が、進捗を確かめる"伸びしろ"の銀メダルを獲得。

三浦「ショートプログラム（のコンセプト）は、コーチから3ヵ月間離脱して戻ってきたという、スケートを滑れる喜び、私たちらしい滑りをすればいいんじゃないかというお話をいただきました。滑りこむにつれて自分たちらしくスピード感が出せるようになってきて、スピードが出せれば技もハマる。見失っていたものを見出せました」

木原「技術の自信は確実に戻ってきて、このまま続けていけば大丈夫という自信があります。今回は経験のないパターンだったので、気持ちの持っていき方が難しいときはありました。今回の試合はぼく自身も不安を感じることが多かったので、100％璃来ちゃんのサポートができたかと言われれば、どちらかといったら迷惑をかけていた部分があったかなと。（リハビリ中に）フィジオの方から、どちらかが引っ張るのではなくて、2人で強くなりなさいと言われて。だから、2人して強くなりました、気持ちは！（笑）スタミナはもうちょっとですね」

2位となった三浦璃来＆木原龍一。木原の腰の怪我により約5か月ぶりの試合となった
Riku Miura and Ryuichi Kihara (JPN) ©Manabu Takahashi

表彰式にて、渡辺倫果と満面のスマイル ©Manabu Takahashi

千葉百音

女子シングル1位

　模索の時期を越えた全日本選手権銀メダリストが、納得の演技を2つ揃えて四大陸チャンピオンとして世界選手権へ向かう。

「(シーズン前半は) 練習をいくらがんばっても自信がつかない感じがいちばん辛かったです。自信がつかないまま試合に出るので、試合での踏ん張り方もあまり掴めていない感じで、出し切れなくて悔しいという時期がけっこう辛かったですね。全日本前にだんだん自分の流れが掴めてきた感じはあったんですが、波はいつも高いところでキープしたいですけど、必ず落ちるタイミングがあって、それがインターハイのころ。今回、演技前の心境やジャンプの調子はシーズン序盤のスケアメ (スケートアメリカ) あたりとなんか感覚が似ていて、ミスしそうになる自分がいたんですが、それに耐えながら集中して演技する感覚は、全日本でいい感覚が掴めていたので、四大陸選手権で出し切れたんだと思います。何位になろうと意識せずに、自分のなかで集中してやり遂げようという気持ちで臨んで獲得した表彰台だったので、自分に少しは勝てたのかなという感覚です」

MONE CHIBA

2005年5月1日、仙台生まれ。木下アカデミー所属。2023年四大陸選手権3位。今季はスケートアメリカ6位、GPフランス9位、全日本選手権2位。2024年四大陸選手権でISU選手権初優勝。

思うように結果が出なかったシーズン前半を乗り越え、四大陸選手権のタイトルホルダーとなった千葉百音
Mone Chiba (JPN) ©Manabu Takahashi

佐藤 駿

男子シングル2位

　こだわってきた4ルッツを試合では初めてSP、フリー両方で成功させ、昨季の3位から一段高い表彰台へ上がって成長ぶりを結果で示した。

「フリーに関してはもっとできたと思うところはあるんですが、今シーズンはとりあえずこれで一旦落ち着いて、今回の課題を来シーズンに生かしていけたらいいなと思いました。ルッツをショートとフリーで今回初めて決めることができて、自分のなかで「どっちかしか降りられないんじゃないか？」みたいに思ってしまっていたんですけど、それを変えることができてすごく自信につながりました。昨シーズンと比べて、自分の"最悪の演技"のレベルが上がったと思っていて。去年もノーミスの演技では（フリーで）180点出してたと思うんですけど、悪いときは140点くらいまで下がったりしてたのが、今シーズンはどんだけ悪くても160後半ぐらいの点数は出せるようになった。これまでは前の人の演技に左右される部分があったんですが、それがなくなって、べつに前の人の演技がよくても悪くても気にしないし、いいほうが自分も「よし、がんばるぞ」と気持ちの切り替えができるようになったのが、今シーズン大きく変わった部分。（三浦）佳生の試合への持っていき方を見ていると逆に燃えるタイプだから、ぼくもそれぐらいの気持ちでいきたいなと思いました」

SHUN SATO

2004年2月6日、仙台生まれ。エームサービス／明治大学所属。2023年四大陸選手権3位。今季はスケートアメリカ3位、GPエスポー2位、全日本選手権5位。2024年四大陸選手権は2年連続表彰台に上がる2位。

ギヨーム・シゼロン振付のフリー『四季』を情感豊かに滑る佐藤駿
Shun Sato (JPN) ©Manabu Takahashi

渡辺倫果
女子シングル3位

SP4位から、フリーで意地の3アクセルをパーフェクトに決めて表彰台まで追い上げた。

「悔しい9.5割、うれしい0.5割。悔しいです。昨日の朝の公式練習は自分でもびっくりするぐらいゾーンに入りすぎて、周りの音も聞こえない、見えないっていうので、初めての経験をして正直不安もありました。ただ、そのなかで自分の意地を出して、（フリーの）前半はだいぶゾーンに入ってアクセルを決めて、ルッツはちょっとあれでしたけど、ほかのところもある程度はちゃんとできた。その結果として表彰台に乗れたのは、4位と3位は全然違ってくるものだと思うので、やっと滑り込みでも表彰台に乗れるようになったという面で、今大会はいろんないい経験ができたかなと思います」

RINKA WATANABE
2002年7月19日、千葉生まれ。TOKIOインカラミ／法政大学所属。2023年世界選手権10位。今季はスケートカナダ6位、中国杯2位、全日本選手権6位。2024年四大陸選手権でISU選手権初メダルとなる3位。

フリーでトリプルアクセルを決め、初のISU選手権のメダルを手にした渡辺倫果　Rinka Watanabe (JPN) ©Manabu Takahashi

小松原美里&小松原尊
アイスダンス8位

全日本選手権で優勝しながらも今大会へ持ち越された世界選手権代表選考。若手に15点以上差をつける日本アイスダンス最上位に立ち、悔しさを晴らす代表入りを決めた。

美里「しっかりと1つ1つ自分たちの目標に近づいていく、提示していただいた条件をしっかりと超えていくという仕事を達成したことにうれしさはありつつも、完璧な演技はなかなかないので、もうすでに次の練習で何ができるか考えている自分がいて、"選手やってるな"って思います。2人ともよくがんばったなって思います」

尊「（RDで）70点を出したのは、この3年間けっこうがんばってきて、フリーは110点出したいという気持ちがいっぱいありました。ここ2年以上できるかなという気持ちがあったから、今回はやっと両プログラムともできた気持ち。満足ではないけど、いい演技を上海でできたことはうれしいし、いっぱい力をもらいました」

MISATO KOMATSUBARA & TAKERU KOMATSUBARA
美里は1992年7月28日、東京生まれ。尊は1991年6月17日、アメリカ・モンタナ州生まれ。倉敷FSC所属。2017年結成。2022年北京オリンピック出場。今季はNHK杯9位、全日本選手権優勝。2024年四大陸選手権8位。

世界選手権への切符がかかる今大会で、ベテランの意地を見せた小松原美里＆小松原尊（コレト・ティム）
Misato Komatsubara and Takeru Komatsubara (JPN) ©Manabu Takahashi

男子4位 山本草太　Sota Yamamoto (JPN) ©Manabu Takahashi

女子7位 三原舞依　Mai Mihara (JPN) ©Manabu Takahashi

エキシビションで笑顔を見せる第25回大会の金メダリストたち　2024 Four Continents Champions ©Manabu Takahashi

いざ、モントリオールへ

第92回全日本選手権が12月21〜24日、
長野市若里多目的スポーツアリーナ ビッグハットで開催された。
3月のモントリオール世界選手権の代表をめぐる最終決戦で、
世界選手権3連覇を狙う宇野昌磨と坂本花織が
貫禄の演技で優勝を飾った。

文：編集部　Text by World Figure Skating

男子1位の宇野昌磨。フリーを滑り終えてステファン・ランビエルコーチに
笑顔で振り向く　Shoma Uno ©Yazuka Wada

第92回全日本選手権が12月21〜24日、長野県長野市のビッグハット（長野市若里多目的アリーナ）で開催された。同会場での開催は3年ぶり。

宇野昌磨が通算6回目の勝利

12月21日、男子シングルのショートプログラム（SP）が行われた。大会連覇を狙う宇野昌磨が冒頭の4フリップを鮮やかに決めると、続く4トウ＋2トウ、3アクセルを成功させ、104.69点で2位以下を引き離してトップに立った。初の表彰台を狙う山本草太が、4トウ＋3トウ、4サルコウと4回転2本をきっちり決め、94.58点で2位。鍵山優真は、4トウ＋3トウをなめらかに決めたが、冒頭の4サルコウで転倒があり、93.94点で3位発進となった。

三浦佳生は、最後の足換えのシットスピンがノーカウントとなり、93.91点で4位。4フリップにエッジエラーがついた佐藤駿が89.80点で5位、友野一希は4サルコウでミスが出たが86.88点で6位につけた。

男子フリーは、12月23日に行われた。大会前日、宇野は公式練習のあと、「全員が最善を尽くして最高の試合にでき

男子3位 山本草太　Sota Yamamoto ©Yazuka Wada

たうえで、いい順位がとれたらいいなと思っています」と話したが、この日は、まさに好演ラッシュの"神試合"となった。このまれに見る熱戦を制したのは、最終グループの最終滑走で登場した宇野だった。冒頭の4ループで着氷が乱れ軽微な回転不足もとられたが、すぐに立て直し、4フリップを成功させると、後半には4トウ＋2トウ、さらに単独の4トウもqマークがついたが、着氷した。フリー193.35点、合計298.04点で、2年連続6回目の優勝を果たした。優勝6回は、本田武史、羽生結弦に並ぶ歴代2位の記録（歴代1位は佐藤信夫の10回）。

　宇野は「これだけ素晴らしい大会になったなかで、自分が優勝できたことをうれしく思います。皆さんほど最高の演技ではなかったかもしれませんけれど、試合では最高のものを出せたと思います」とコメントした。「このままではグランプリファイナルを制したイリア・マリニン選手には遠く及ばないと思います。この3ヵ月、ぼくの持てる力をすべて出し切ることができれば、ギリギリ戦えると思うので、がんばりたい。表現をがんばりたいと言っていますが、表現の点数があまり高くないのであれば、自分が現

男子4位 三浦佳生　Kao Miura ©Yazuka Wada

男子5位 佐藤駿　Shun Sato ©Yazuka Wada

男子6位 友野一希　Kazuki Tomono ©Yazuka Wada

役をやると決めた以上、ジャンプをがんばるべきだとは思っているので、がんばりたい」と世界選手権への抱負を語った。

2位には、足の怪我から復活した鍵山優真が入り、2大会ぶりに表彰台に返り咲いた。冒頭の4サルコウをGOE（出来栄え）4.30というほぼパーフェクトに決めると、続く4トウ＋オイラー＋3サルコウも成功させ、フリー1位で198.16点、合計292.10点を獲得した。「この大会ならではの独特の雰囲気と緊張感のなか、ぼくが予想していたよりもハイレベルですごい試合になり、去年の悔しさもありながら、思い切り演技ができたのはよかったと思います」と大会を振り返った鍵山は、「まだまだ構成も上げられる段階なので、新しい構成を考えて体力づくりやプログラムのブラッシュアップなど、もっともっと磨いていけたら。4回転ジャンプは絶対に増やしたい。いまよりももっと熱い演技をしたいなと思います」とシーズン後半に向けて力を込めた。

3位は、4サルコウ、4トウ＋3トウ、4トウと4回転3本を含むすべてのジャンプを成功させた山本草太。フリー192.42点、合計287.00点で、出場10回目で初のメダル獲得に、リンクサイドで涙した。山本は、「山あり谷あり、苦しい日々のほうが多かったんですけど、この全日本まで本当にがんばってきてよかったなって、その結果が報われたなって思います。ここがゴールではなく、もっともっと先を見据えてやっていかなきゃいけないし、まだまだ成長している段階だと思う」と満面の笑顔で話した。

4位には、GPファイナルで患った胃腸炎により、万全の体調でないなか、3本の4回転を着氷した三浦佳生がフリー186.17点、合計280.08点で入った。試合を乗り切り、涙を見せた三浦は「今日の大会に出られて、（高レベルの）争いができて、すごい幸せです。でも、表彰台に上がれなかったのはすごい悔しいという、いろんな感情です。いまは半々ですけど、後々、悔しさのほうが勝っていくんだろうなと思います」と充実した表情で語った。

5位は佐藤駿。SPでは4フリップのエッジエラーに気を落としていたが、フリーでは、4ルッツ、4トウ＋3トウ、4トウを含むすべてのジャンプを着氷し、納得の表情でガッツポーズ。フリー183.24点、合計273.04点。佐藤は「スケートをやっていて、いちばん楽しかった。やっていてよかったな、と思えるような試合だった。ルッツを成功できて、出来栄え点も高い評価をいただけてうれしく思います」と語った。

前回3位の友野一希は、冒頭の4トウ＋2トウを着氷、続く4トウの着氷でバランスを崩したが、立て直して4サルコウを降りた。フリー184.64点、合計271.52点で6位。11回目の全日本を終えた友野は、「一生モチベーションになる良い試合」と振り返り、「自分のできることは全部、すべてやれたかなと思います。最終グループすごいことになってますけど、本当にみんなが本気出してぶつかり合っている試合。こんな感覚の試合は初めてなので、自分もそのなかで戦えていることはとてもうれしく光栄ですし、やっぱり悔しいなって思えてるのもよいなと思います。もっとうまくなりたいです」と話した。

7位以下には、壷井達也、吉岡希、三宅星南、本田ルーカス剛史が続き、前回2位の島田高志郎は、11位だった。

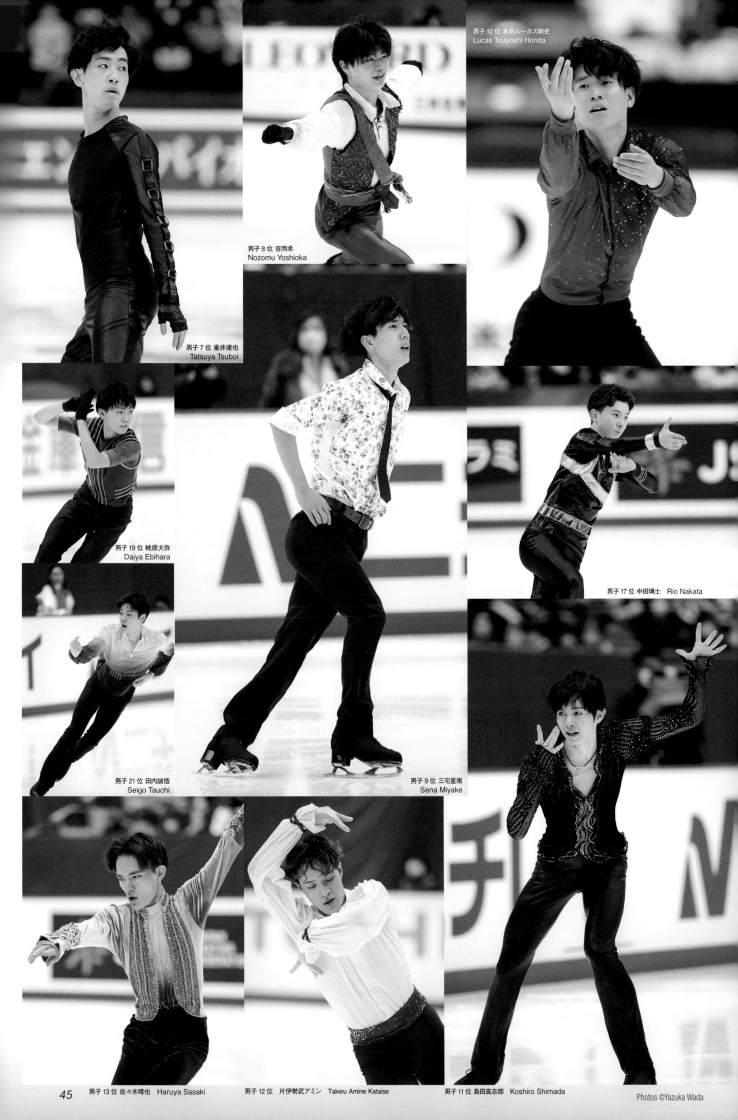

男子10位 本田ルーカス剛史
Lucas Tsuyoshi Honda

男子8位 吉岡希
Nozomu Yoshioka

男子7位 壺井達也
Tatsuya Tsuboi

男子19位 蛯原大弥
Daiya Ebihara

男子17位 中田璃士　Rio Nakata

男子21位 田内誠悟
Seigo Tauchi

男子9位 三宅星南
Sena Miyake

45　男子13位 佐々木晴也　Haruya Sasaki　　　男子12位 片伊勢武アミン　Takeru Amine Kataise　　　男子11位 島田高志郎　Koshiro Shimada

Photos ©Yazuka Wada

Women

坂本花織が圧巻の演技で3連覇

12月22日、女子シングルのSPでは、3連覇を目指す坂本花織が圧巻の演技で首位に立った。ISUの公認大会ではないため、参考記録であるものの今季自己ベストとなる78.78点をマーク。2位には大きなミスなく演じきった山下真瑚が入った（69.92点）。この日、緊張とは無縁だったという山下は、「たくさん上手な選手がいるなかで、久しぶりに後半グループですごく幸せだなと思いながら滑ることができました」と笑顔で話した。3位には千葉百音が続いた（68.02点）。シーズン前半、不調に苦しんだ千葉だが、GPフランス大会後に運動誘発性ぜんそくだと診断され治療を始めると、気持ちも調子も上がってきたことを明かした。

4位は三原舞依、5位は河辺愛菜、6位には初出場の13歳、上薗恋奈が続いた。前回3位の島田麻央は、3アクセルを成功させたものの、後半の3ルッツで転倒し、7位でフリーに臨むことになった。

9年連続エントリーの本田真凜は、大会前に痛めた右骨盤の痛みに耐えながらSP「Faded」を披露したが、最下位となり、フリー進出は叶わなかった。本田は「すっきりした気持ち。悔いも何一つない。ここまでたくさんたくさんスケートをがんばってきた。その自分をいまはゆっくりほめてあげたい」とさわやかに振り返った。本田は年明け1月5日に競技引退を発表した。

大会最終日12月24日の女子フリー。最終滑走で登場した坂本花織は、「Wild is the Wind/Feeling Good」に乗って、豪快な2アクセルを決めると、3フリップ＋2トウ、3フリップ＋3トウ、2アクセル＋3トウ＋2トウを含む7つの3回転をクリーンに成功。演技構成点でもフリー154.34点、合計233.12点で3年連続4度目の優勝を飾った。

坂本は「今シーズン、全日本選手権と世界選手権の3連覇を目標にやってきたので、とにかくこの全日本で優勝することができたので、ひとまずホッとしています」と安堵の表情。「トップを走り続けるために必要だと思うメンタリティは？」と質問された坂本は、「自分が目指してやっているところまでいけなかったから駄目だと、あまり自分に厳しくしすぎないようにしている」。

SP3位の千葉百音が、「海の上のピアニスト」の美しい旋律に乗って、すべてのジャンプを着水し、141.25点でフリー2位、合計209.27点で総合2位になった。「フランス大会が終わってから、『私には全日本しかない！』という気持ちで練習に臨んできました。背水の陣という状況で、何も崩れることなく、練習が積めていたのがよかったです」と話した千葉。「2位という結果は、まだあまり信じられないんですけど、練習どおりのいい演技ができたので、とりあえずホッとしています」と率直な思いを語った。

SP7位と出遅れた島田麻央だったが、フリー3位（136.95点）と巻き返し、合計202.18点を獲得し、2年連続銅メダルとなった。フリー「Benedictus」の冒頭で3アクセルを成功させたが、続く4トウは転倒、後半のループがシングルになった。島田は「大技は挑戦なので、ミスが出ることも想定しているが、他のジャンプにミスが出てしまったことが一番悔しい」と反省の弁。メダルについては「今年も素晴らしい選手がたくさんいるなかで3位をとれたのは、すごくうれしいんですけど、自分の演技に関して悔しい部分が何個かあったので、悔しい気持ちとうれしい気持ちが両方あった試合でした」と振り返った。

女子1位 坂本花織　Kaori Sakamoto

女子3位 島田麻央　Mao Shimada

女子5位 三原舞依　Mai Mihara

女子2位 千葉百音　Mone Chiba

女子7位 吉田陽菜　Hana Yoshida

女子6位 渡辺倫果　Rinka Watanabe

Photos ©Yazuka Wada

4位に入ったのは、今季のジュニアGPファイナル3位の上薗恋奈。樋口美穂子コーチから「13歳で出られる全日本は最後だよ」とリンクに送り出され、集中して演技を終えた。フリー4位の134.47点、合計200.69点で表彰台にあと一歩と迫り、新人賞も受賞した。上薗は、「点数にはこだわっていなかったので、すごくびっくり。いまできることを全部出すことだけを考えていました。最終グループに入れて、上手な選手たちのなかで滑れたのはいい経験になりました」と微笑んだ。

前回2位の三原舞依は、フリー131.86点、合計199.56点で5位。右足首の故障のため、シーズン初戦が11月のNHK杯となり、全日本が2戦目。コンディションも万全ではないなか、後半に3ループ＋2トウ＋2ループを決めるなど、演技をまとめた。三原は「練習で納得のいく演技ができた回数がほんとに少ないなかで、こうして今日最後まで、全力を出し切ることができて、たくさんの方々のサポートのおかげで滑り切れたフリーだと思うので、最後笑顔で終わることができてすごくうれしかったです」と話した。

6位は渡辺倫果、7位は吉田陽菜。SP2位の山下真瑚はフリーで回転不足が複数あり、総合8位となった。9位青木祐奈、10位住吉りをんと続いた。昨季休養し、2年ぶりに全日本の舞台に復帰した樋口新葉は12位。フリー冒頭の3アクセルは転倒したが、最後まで持ち味のパワフルな滑りを出し切った。樋口は「最後まで本当に諦めないでできた部分が、次につながる結果になったかな。復帰のシーズンにここまで上げられたことがすごく自信につながりました」と晴れやかな表情で語った。

女子21位 大庭雅　Miyabi Oba

女子28位 本田真凜
Marin Honda

女子9位 青木祐奈　Yuna Aoki

女子14位 横井きな結　Kinayu Yokoi

女子13位 河辺愛菜
Mana Kawabe

女子8位 山下真瑚　Mako Yamashita

　女子12位 樋口新葉　Wakaba Higuchi　　女子11位 江川マリア　Maria Egawa　　女子10位 住吉りをん　Rion Sumiyoshi

Photos ©Yazuka Wada

アイスダンス1位 小松原美里＆小松原尊（コレト・ティム）
Misato Komatsubara and Takeru Komatsubara (Tim Koleto) ©Yazuka Wada

アイスダンス3位 吉田唄菜＆森田真沙也
Utana Yoshida and Masaya Morita ©Yazuka Wada

アイスダンス2位 田中梓沙＆西山真瑚
Azusa Tanaka and Shingo Nishiyama ©Yazuka Wada

ペア1位 長岡柚奈＆森口澄士
Yuna Nagaoka and Sumitada Moriguchi ©Yazuka Wada

Pairs
長岡＆森口ペアが優勝

　"りくりゅう"こと、三浦璃来＆木原龍一組が木原の腰椎分離症のため欠場。出場1組となったペアでは、長岡柚奈＆森口澄士が合計173.64点で優勝した。結成半年で出場した11月のNHK杯のあと、話し合いと研究を重ね、練習を積んできた。森口は、シングルのプログラムを1日2度通して滑るなど、体力面の強化にも取り組み、「自分たちがいまできる、ほぼマックスができた」と安堵の表情。長岡は「あこがれのりくりゅう先輩と同じ大会に出るためにも、もっと練習してちょっとでも足元に行けるようにがんばっていきたい」と語った。

会場は長野県長野市のビッグハット。1998年の長野五輪ではアイスホッケーの会場として使用された　Photos ©Yazuka Wada

Ice Dance
激戦のアイスダンス

　日本のアイスダンスに革新をもたらした"かなだい"（村元哉中＆高橋大輔）が昨季限りで引退。今季は、ベテランの小松原美里＆小松原尊、結成1年目の吉田唄菜＆森田真沙也と田中梓沙＆西山真瑚ら6組が出場した。

　RDで首位に立ったのは、「スーパーマリオブラザーズ」で息の合った滑りを見せた田中＆西山。躍動感のある演技で沸かせた小松原組が2位につけ、吉田＆森田は森田のツイズルでミスがあり3位となった。

　FDでは、吉田＆森田が「フェニックス」で迫力溢れるリフトを披露し、1位。RD首位の田中＆西山はFD3位。小松原組は、FDでも2位となり、合計178.39点で2年ぶり5回目の頂点に。

優勝が決まった瞬間涙を見せた美里は「オリンピック選考会のときと変わらない緊張をしていました」と明かした。

　総合2位は合計176.43点の田中＆西山。アイスダンスを始めて1年目の田中は「アイスダンスに慣れていく、ついていくために必死で練習をがんばりました」、西山は「今回RDで1番にもなれましたし、「2番」というありがたい結果もいただけたので、来年は1番を目指して、もう1個高い台を目指してがんばりたいです」と話した。

　吉田＆森田は、合計173.17点で総合3位。今季の目標に「全日本優勝」をあげていた2人。吉田は「（FDで）110点をめざしたかった。少し悔しい部分もあります」と語った。

　2024年世界選手権の代表最終選考会を兼ねた全日本だったが、優勝した組と、RD、FDでトップの組がすべて異なり、競技力が拮抗しているため、1月の理事会に持ち越される異例の事態となった。

山本草太　　坂本花織　宇野昌磨

All Japan Medalist on Ice

オールジャパン　メダリスト・オン・アイス2023
聖夜に降るエール

世界選手権、四大陸選手権、世界ジュニア選手権の代表を中心とした24名が
12月25日、長野・ビッグハットに集結。
「オールジャパン　メダリスト・オン・アイス」で
2023年を締めくくる個性にあふれた演技を披露した。

グランドフィナーレで、サンタの帽子をかぶり、観客たちに笑顔で手を振る鍵山優真。森田真沙也、渡辺倫果ら　　Photos ©Yazuka Wada

島田麻央　　千葉百音　三浦佳生　　吉田陽菜

ISU GRAND PRIX
of FIGURE SKATING

Final

グランプリファイナル2023

待ち望んだ栄冠

シリーズ総決算となるGPファイナルが
12月7〜10日、北京・国家体育館で開催。
坂本花織が初優勝、宇野昌磨が銀、
鍵山優真と吉田陽菜が
銅メダルを獲得する活躍を見せた！

文：編集部　Texts by World Figure Skating

SP、フリーでトップに立ち完勝した坂本花織。シーズンベストを更新したSP
「Baby, God Bless You」Kaori Sakamoto（JPN）©Nobuaki Tanaka / Shutterz

坂本花織がついにGPファイナルのタイトルを掴んだ。これまで2018年、2022年に出場しているが、それぞれ4位と5位。とくに昨季はSP1位から5位に沈む悔しい結果で、オリンピック・メダルや世界タイトルを手にしたあとも、GPファイナルの表彰台へは届かずにいた。今季、GPシリーズ2戦とファイナルの計3戦での完全勝利を目標に掲げてシリーズに臨んだ坂本は、スケートカナダ、フィンランド大会で勝利し、目標達成に王手をかけて北京へ入った。

SPは、ジェフリー・バトルの振付で自身の姪甥への愛情を語る「Baby, God Bless You」。甥っ子、姪っ子それぞれに微笑みかけるところから始まり、優しい笑いを湛えたまま大きな2アクセルや流れのある3フリップ＋3トウを決める。心地よくステップを踏んで締めくくり、77.35点をマークした。

SPトップで折り返して迎えたフリーは、パワフルなスケーティングのなかにエレガンスを見せるジャズナンバー。唯一3フリップでステップアウトして手をついてしまった以外は、すべての要素にすべてのジャッジが加点の評価をつけ、フリー148.35点、合計225.70点。20点以上の大差をつけて悲願成就の初優勝となった。

ルナ・ヘンドリックス（ベルギー）が2位。SP、フリーともに細かなミスはありながらも、高い演技構成点の下支えもあり、ユーロのエースが昨季より1つ高い表彰台へ上がった。

3位の吉田陽菜は大金星の活躍だった。SPは2つの転倒で3位まで6点差の4位と出遅れたが、フリーではやや回転が足りないながら3アクセルを降りて勢いに乗った。後半に3ルッツ＋3トウを決めるなど、全6種類8本の3回転を含むプログラムを滑り切り、全体トップの技術点を得る技術力の高さを披露した。合計203.16点。昨季はジュニアとして、ジュニアGPファイナルに進出したが6位。試合後、悔しさを噛みしめながら「シニアでこの舞台に戻ってこられたら」と語っていた18歳が、その言葉を、銅メダルというとびきりのサプライズつきで叶えてみせた。

同じく初出場の住吉りをんは6位。フリーで挑んだ4トウが、3トウのダウングレードとなり、2つのコンビネーションのセカンドジャンプが3トウだったこ

とで、全体で規定を超える3本の3トウを跳んだとみなされ、後半の3ルッツ＋3トウのトウがリピート判定になるなどジャンプに苦しんだ。

男子SPは、全米王者のイリア・マリニンが、SP「マラゲーニャ」で4アクセルを決める衝撃的な始まりだった。男子SPには「ダブルもしくはトリプルのアクセルジャンプ」の規定があるため、マリニンの構成は4アクセル、4ルッツ＋3トウ、3アクセル。現状のSPでは考え得る最高難度と言えるジャンプ構成を難なく滑り切り、106.90点を叩き出した。

フリーの4アクセルは転倒したが、ISU大会で自身初成功の4ループを含む4種類の4回転を完璧に決め、史上初めて6種類の4回転すべてを成功させた選手となった。フリー207.76点、合計314.66点で初優勝。1999年に女子シングルで優勝した母タチアナ・マリニナを継いで、親子でGPファイナル・チャンピオンとなった。

昨季優勝の宇野昌磨は、合計297.34点で2位。フリーでのパンクがブレーキになったが、SP、フリーともに演技構成点ではトップとなる地力の高さを示すとともに、「競い合いながら仲間として切磋琢磨してより高いところを目指せる環境はすごく楽しい。置いて行かれないようにがんばりたい」と、ハイレベルな勝負に目を輝かせた。

鍵山優真が3位。フリーでは得意の4サルコウが2回転になるまさかのミスもあったが、演技構成点には9点台を並べて合計288.65点。出場予定だった2021年大阪大会がパンデミックで中止となったため、念願の初出場で表彰台へ上がった。2年連続出場の三浦佳生は5位。SP後に胃腸炎を患い、大会中の練習に一切参加できないまま、しかしフリーには姿を現し、魂の「進撃の巨人」を滑り切った。

ペアは、ドイツのハーゼ＆ボロジンが結成1年目で優勝。昨季3位のコンティ＆マチイ（イタリア）が2位、3位のステラート=ドゥダク＆デシャン（カナダ）は40歳と31歳（当時）で初メダルを獲得した。アイスダンスは、世界王者のチョック＆ベイツ（アメリカ）が7度目の挑戦で初制覇。2位はイタリアのギナール＆ファッブリ、3位はカナダのギレス＆ポワリエで決着した。　■

男子1位のイリア・マリニン（アメリカ）　Ilia Malinin (USA)
©Nobuaki Tanaka / Shutterz

アイスダンス1位のマディソン・チョック＆エヴァン・ベイツ（アメリカ）
Madison Chock and Evan Bates (USA)
©Nobuaki Tanaka / Shutterz

ペア1位のミネルヴァ・ファビアン・ハーゼ＆ニキータ・ボロジン（ドイツ）
Minerva Fabienne Hase and Nikita Volodin (GER)
©Nobuaki Tanaka / Shutterz

3度目の挑戦で初優勝 ©Nobuaki Tanaka / Shutterz

坂本花織

女子シングル1位

自分に勝ってこそ

2000年4月9日、神戸生まれ。シスメックス所属。北京オリンピック銅メダリスト。2022年から世界選手権を2連覇。今季は、スケートカナダ、GPエスポーで2連勝し、GPファイナルで初優勝。

Kaori Sakamoto

―― 優勝おめでとうございます。GPシリーズでファイナルを含めて3連勝です。

坂本 今年、（GPシリーズ3戦で）1位、1位、1位を目標にしてきて、それをとにかく達成できたのはめっちゃくちゃうれしかったです。

―― 昨晩は気持ちよく爆睡できましたか。

坂本 いや、爆睡できなくて。昨日のフリーの映像を見て、その後になんとなく去年のフリーの映像を見てみたいと思って見てみたんです。

―― トリノでのGPファイナルですか？

坂本 トリノです。けっこう忘れてたんで、何点出てたんやろうって。あのときは絶望しすぎて点数も覚えてないし、気づいたら終わってる――みたいな状況やったんで、見返しもしてなくて。昨日久々に見返したら、アクセル跳ぶ前に躓いてるし、なんかもう地に足着いてなさすぎてジャンプが不安定で、こんなにボロボロやったんやってびっくり。その後にもう1回昨日のフリーを見て、「ああ成長したな、自分」って思いました。（笑）

―― フリー後に自分に打ち克てたとお話ししていましたね。

坂本 中野先生にも、誰に勝つというより、前の自分に勝ってこそという感じでよく言われるので、そういう気持ちで挑むときはいつもよかったりします。最近は、（演技前に）背中を押して送り出されるときもそういう感じの台詞がけっこう多いので。「花織ならできる」、「自分に勝ってきなさい」という感じのことを言われます。

―― 2022年世界選手権以降は勝つことを期待される場面が多いですが、そのなかで勝つことは自信につながっていますか。

坂本 自信にもなっていくし、自分の経験値が上がっていくなって思っています。でもやっぱり最終滑走はやだなって。未だにもう、毎回待っていられない。（緊張で）吐いたらディダクションになるんかな。（笑）

―― "最終滑走の練習"もされているとお話しされていましたが、効果はいかがでしょう？

坂本 6分間練習が終わってから自分の本番までの時間の使い方が、だいぶわかってきたのはわかってきました。6分間の前にきっちりアップするけど、8割ぐらいやって、もう1回（6分間練習が終わってから）ほぼアップをやり直すぐらいの感じ。ほんまに最近、グランプリの2戦目ぐらいからやり始めたのは、（自分の出番がきて）プログラムの曲を聴くとけっこう緊張しちゃうので、あらかじめリピートで何回も聴いておけば、「またかかってるわ」ぐらいの気持ちで本番できるので、最初のほうは自分の好きな曲を聴くんですけど、（グループの）4人目、5人目ぐらいになったら、もう自分の曲に変えてアップをやると、本番になってガタガタガタガタ（震える）っていうのがなくなる。ほんまに今回のショートのときはやばくて、中野先生と手をつないででもプルプルプルプルって。中野先生の「手震えてるけど大丈夫？」にも、「大丈夫じゃない！」と思ってました。（笑）

―― 毎回震えるほどの思いをしながらも、モチベーションを保てているのは？

坂本 やっぱりまだまだ自分は成長の途中段階なので、ゴールはしてない。プログラムをノーミスでできることも増えてきたけど、まだシーズン後半に向けていいものに作り上げたいというのもあるし、それを毎年毎年なんや

かんや繰り返してやってたら、気づいたらオリンピックシーズンになってる感じ。本当に1年の流れってめちゃくちゃはやいし、気づいたらもう4年経つなって。もう来年はプレシーズンになるし、ありえないぐらいのスピードで進んで、成長できてるんかなって思うときもあるし、成長できたなという部分もあるし――みたいな感じで、そんなことを思いながらやってたらもう1年が終わったみたいな。（笑）

―― 周囲からの期待もどんどん大きくなっていると思いますが、どうパワーへと変換していますか。

坂本 期待にはもちろん応えたいし、ちゃんとやらなきゃと思うけど、できることは限られているから、本当にいま自分ができることを最大限やって戦うだけかなと思います。

―― ミラノ・オリンピックで坂本選手が3アクセルや4回転を跳ぶ可能性は？

坂本 4回転のほうがたぶん……うーん……いや、わからないですね。

―― 練習したい気持ちはある？

坂本 やりたいとは思っています。やりたいとは思ってるんですけど、やっぱりシーズンオフもアイスショーを挟むと、どうしても自分の練習の時間が少なくなっちゃったり、夏にかけての大事なシーズンオフの時期に、練習場所が減るから時間が限られるというのもあって。来シーズンはそろそろね、とは思っています。

―― 24歳でまた新たなチャレンジを？

坂本 いやあ……「なんで3アクセルも4回転もないのに世界女王やねん」というのを言われることもあるんですが、それはいちばん

かったから？

坂本 去年は満足できたのがほぼ半分、後半の半分ぐらいで、シーズン通して「終わり良ければすべて良し」みたいな感じで終わった。でも、それじゃあやっぱり満足できないと思ったからこそ、シーズンオフも調子をキープして、アイスショーの間もがんばって3回転＋3回転を維持したり、アイスショーをやりながら、ショート、フリーもできるようにして。今年はけっこうそういうことも考えて、いいスタートダッシュを切りたいと思ってがんばったので、それがいまいい感じにつながってるのかなと思う。それは、去年を経験できてよかったなと思ったので、来年以降のシーズンオフにも活用できたらなと思っています。

（2023年12月10日、GPF女子フリー翌日の共同取材より）

取材・文：編集部　Text by World Figure Skating

自分がわかってる。その大技を見たければ、跳ぶ子たちのほうを見ればいいし、それを見て比較しなくていい。でも、そう言われるのもけっこう嫌だなと思うし……もういろいろですね。（苦笑）でも、そういうことを言われたくないから跳びたいというのもあります。

―― 今季はオフ中の仕上がりが早かったとのことですが、それはオフも気持ちが切れな

フリー「Wild Is The Wing／Feeling Good」の演技。SPから1位を守り抜き、
念願のGPシリーズ3連勝を達成した ©Nobuaki Tanaka／Shutterz

家族の伝統を継ぐ優勝

—— グランプリファイナル初優勝、おめでとうございます。

マリニン ありがとう！ 母（タチアナ・マリニナ）が現役時代にグランプリファイナルで優勝しているので、ファイナル優勝はぼくの夢のひとつだったから、叶ってうれしいです。家族の伝統を継ぐことができたなって思います。（笑）プログラム２本とも内容がよくて、とてもリラックスした状態で試合に臨めました。

—— タチアナさんも喜んでいるでしょうね。

マリニン すごく誇らしく思ってくれています。それは、ここに来るまでにぼくらが費やした努力を思えばね。

—— この試合の収穫は？

マリニン 自分の練習とマッスルメモリーを信じて、プレッシャーのなかでも自分のスケートができたこと。ここ数シーズンのぼくの進歩を見せることができたし、まだまだ出てきたばっかりの選手だったころから、グランプリファイナル・チャンピオンになるところまで来たのはぼくにとって収穫です。

—— SP、フリーともに４回転アクセルを入れる構成に変えましたが、これはいつごろ決めたんですか。

マリニン グランプリのフランス大会前から「挑戦したいな」と思ってたんだけど、公にするためには、フランスの試合が終わってからじっくり考えたかった。で、「やっぱりやりたい」って結論を出したんです。

—— 今季は芸術的な側面に集中すると話されていましたが、４回転アクセルを跳んだと

イリア・マリニン

男子シングル1位

5回転のことは
まだ話したくない

2004年12月2日、アメリカ・フェアファックス生まれ。母はウズベキスタン代表でグランプリファイナル優勝のタチアナ・マリニナ。2022年9月にISUの公認大会で4回転アクセルを成功。2023年世界選手権3位、全米選手権優勝。

Ilia Malinin

北京オリンピックのマスコット・ビンドゥンドゥンの辰年ver. "ロンドゥンドゥン" と ©Nobuaki Tanaka / Shutterz

いうことは、演技構成点の進歩についてもある程度満足しているのでしょうか。

マリニン とてもうまくいっているし、自分でも満足しています。もちろんまだまだ進歩の余地はある。芸術面と同時に難しいジャンプも構成に入れるのは、自分自身への挑戦でもあるんです。いまからオリンピックの表彰台に至るまでの数シーズンは自分にとってものすごく重要だってわかっているから。

── 4アクセルの入った構成だと、どのくらい心構えが違いますか。

マリニン アクセルを跳んだあとは、自分に「よし終わった、落ち着け」って言い聞かせないといけないんです。アクセルに気持ちをもっていかれるので、プログラムの残りの部分に集中し直すためには少しかかります。失敗したときも、「アクセルがすべてじゃない、冷静に、冷静に」と頭のなかで繰り返す。ゾーンに入り直すためにいつも必死です。練習だと、去年は10本跳んで6本成功くらいだったのが、今季は8本くらいの成功率になりました。

── 4回転ループをフリーに組み込みましたね。

マリニン ループが最後まで構成に入れずに残していた4回転だったから、練習で4フリップよりもむしろ4ループが安定してきたなと感じたときに、よし4ループを入れてみよう、ということになりました。来季は4フリップに戻すかもしれないし、フリップもループも両方跳ぶかもしれません。

自分の限界を探りたい

── 先号でタチアナさんのインタビューを

掲載したのですが、「練習で5回転に挑戦している」と話されていました。

マリニン 取り組んではいます。でもいまはまだそのことは話したくない。いま言えるのは、頭のどこかにはあるし、ぜひ跳んでみたいと思っているジャンプではあるということだけかな。

── 「挑戦」があなたのキーワードなんですね。

マリニン ぼくはいつだって自分の限界はどこなのかを探りたい。もちろんリスクファクターではあって、つねに健康と安全に気を付けなくてはならないし、いつもすごく注意深くやっています。今回やったアクセルを入れた難しい構成についても、さらに進歩させて、もっと高得点を狙いたい。それが次のステップになるかなと思います。

── 大会後に宇野昌磨選手が「マリニンくんは誰よりテクニックのレベルが高いから、どんなモチベーションで戦っていくんだろう」と話していましたが、いま試合は楽しい?

マリニン え、うん。だって、ファイナルに進出したスケーターたちはみんなすごいレベルだったでしょう? みんなファイナルへの切符のためにものすごい練習時間を捧げてきた。ぼくだって、昌磨と戦えたことも、この場所にいられることも、自分はラッキーだって思うだけだよ。

── いま自分の人生で、フィギュアスケートはどのくらいの大きさを占めていますか。

マリニン 何パーセントって数字にはできないけど、リンクで練習しているときはスケートのことだけ考えていて、家に帰ったときはス

ケートのことを考えないようにしている、という感じかな。そうしないと休んだ気にならない。だから空き時間は音楽を聴いたり、頭を休めるようなゲームをやったり……なるべくスケートのことを頭から追い出して眠って、朝になったらまたスケート、スケートです。

── 大学ではダンスも学んでいるんですよね。

マリニン モダン・コンテンポラリーが自分のスケートのスタイルにいちばん合うので、いろいろな音楽でそれをやっています。

── 氷上とオフアイスで、それぞれいちばん幸せだなと思うのは?

マリニン 氷上だと、やっぱり4回転アクセルを練習で初めて成功したときが幸せだった。大興奮したのを覚えています。オフでもいろんな幸せがあるけど、まずは両親がいてぼくのスケートを助けてくれていることを挙げたいかな。何時間もぼくを練習させて、送り迎えをして、ご飯を食べさせて……。本当に感謝しているし、両親がいなければいまぼくはここにはいません。

（2023年12月10日、GPF男子フリー翌日に取材）

取材・文：編集部 Text by World Figure Skating

トップシーンで切磋琢磨する宇野昌磨、鍵山優真と表彰台に上がった
©Nobuaki Tanaka / Shutterz

©Nobuaki Tanaka/Shutterz

Shoma Uno

宇野昌磨

男子シングル2位

追いかける立場に
なったつもりはない

1997年12月17日、名古屋生まれ。トヨタ自動車所属。2018年平昌大会で銀、2022年北京大会で銅を獲得したオリンピック・メダリスト。2022年GPファイナルで初優勝。世界選手権を2連覇中。今季は、中国杯、NHK杯、GPファイナルで2位。

—— GPシリーズを終えて、スケートへの向き合い方など見えてきたことはありますか。

宇野 ぼくはやっぱりいろんなときにステファン（・ランビエルコーチ）に支えられてきました。もちろんマネージャーやトレーナーの方、たくさんの方々が支えてくれますが、試合となると、いちばん近いのがステファン。ぼくに、これからステファンが何を求めるのか——結果なのか、スケートの表現なのか、ジャンプなのかわからないですけど、ぼくは（ステファンが）どの選択をしてもそれに応えられる練習をしていこうかなと、いまは思っています。去年1年と今年のシーズンはじめは、明確に何を目標にスケートをしていくというのが決まっていなかったので、そこが明確になったかなと思います。

—— それは、コーチ、スケーターとしてランビエルコーチを尊敬しているからこそ？

宇野 ぼくは、なんと言うか、（取材している記者の）みなさんよりもスケートがすごく好きではないんです、たぶん。でもスポーツとしてやってきて、小さいころからやっていることだから、こうやって一生懸命できている。ぼくは性格上やると決めると、たぶん人よりも真剣にやってしまう性格でこういうところまで来られた。なので、ステファンのスケートは尊敬してますけど、ぼくは彼の人柄がすごく好き。コーチは、（樋口）美穂子先生のときもそうでしたが、ビジネスとかそういう関係性ではなくて、しっかり愛情を感じるというか、生徒への優しさや感情を感じられる、そういった部分に惹かれます。あとはぼくとステファンの性格が似ているというか、きれいごとを言うわけではなくて、自分の言いたいことを言うけど、大事にするものはすごく大事にする。その大事にしてくれるもののなかにぼく

が入れてることがまずうれしいですし、彼に何回も救われているので、ぼくもステファンにとっていい存在でいたいなっていう考えです。

—— 自分の喜びよりも、周りの人たちに喜んでもらいたい？

宇野 そうですね。たぶんスケートに自分が喜ぶ要素ってあんまりない、正直。（笑）なんて言うのかな、言葉を間違えると変なふうに伝わりそうなんですけど。全然アップもしなければ、ケアもしなくて、練習しかしないぼくですが、スケートというスポーツに対する向き合い方だけは周りの方も認めてくれて、いまのぼくがいまの状況で成り立っていると思う。だから、ぼくが周りの方に恵まれてるなって思うところは、そういうところかなと。

—— では、喜びよりも、悔しさが残る？

宇野 いまはもうあんまり悔しいと思わないですね。NHK杯は悲しかったですけど、悔しいとは思わないですし、今回もべつにならないです。単純にマリニンくんが素晴らしかった。でも、スケートをやっていろんな身近な人に出会えたというだけで、ぼくはスケートやってよかったなと思います。

—— 今回はイリア・マリニン選手が頭1つ抜けた結果になりましたが。

宇野 今年はギリギリの戦いができるかもしれないですけど、来年、再来年——ぼくが（現役で）やっているかはさておいて——もちろんやらないとかではないですよ。マリニンくんが一強であることは間違いないですね。ルール的にもPCS（演技構成点）はぼくとマリニンくんで、4点か5点差？

—— フリーは6点ほど宇野選手が高いです。

宇野 でも、そんなのジャンプのお手付き1つで（順位が）変わってきますし、これからたぶんマリニンくんは（PCSが）どんどん上がっ

ていくと思うんですけど、ぼくたちは100点という限界が近い。ルール的にミスるとそれで（PCSが）下がるというルールもあります。だからやっぱり競技として戦いに必要なのはジャンプで、ジャンプのスキルで彼に敵う人は下手したら数十年いないと思うぐらい飛躍しすぎている。フィギュアスケート界には誰かが跳べたらどんどんみんな跳べるという風潮がありましたけど、さすがにヤバいと思います、あのジャンプは。ちょっと飛び抜けすぎてるっていうのがあるので、今後一強になることは間違いないと思います。

—— そこに対抗していきたいというのはどうですか？

宇野 もうついていくので必死です。今年がギリギリっす。

—— マリニン選手のような存在が出てきたことはうれしいですか？

宇野 ぼくはそのほうが、やりがいがありますね。目標があったほうが。だから、ネイサンはすごいなと思います。同じクオリティでずっと居続けたので、どういうモチベーションだったんだろうっていうのは気になります。ぼくはそういうふうにはなれなかったですが。マリニンくんがこれからどういう思いを経てスケート界を引っ張っていくかわからないですけど、ぼくも追いかける立場になったつもりはないですし、ちゃんと一緒に引っ張っていければなとは思います。マリニンくんとちゃんと今年いっぱいは戦える存在で……。

—— えらく限定しますね。

宇野 年を増すごとに勝てなくなることは事実なので今年はがんばります。ラストチャンス！（笑）

（2023年12月10日、GPF男子フリー翌日の共同取材より）

取材・文：編集部　Text by World Figure Skating

パーフェクトな演技で 106.02 点をマークした
SP「I Love You Kung Fu」
©Nobuaki Tanaka / Shutterz

©Nobuaki Tanaka / Shutterz

鍵山優真

男子シングル3位

覚悟を持って練習していく

2003年5月5日、横浜生まれ。オリエンタルバイオ／中京大学所属。
2022年北京オリンピック銀メダリスト。2021、2022年世界選手権
2位。怪我による休養を経て、今季2シーズンぶりに国際大会に復
帰し、GPフランス3位、NHK杯1位、GPファイナル3位。

SP「Believer」で103.72点をマークし、GPファイナル初出場で表彰台に上がった ©Nobuaki Tanaka / Shutterz

—— ご自身の演技は映像でご覧になりましたか。

鍵山 映像は軽く見ましたけど、フリーに関しては、サルコウの失敗もそこまで絶対的には悪くない質だったので、そこは褒めてあげたいなと思います。

—— 演技後はわからないとお話ししていましたが、映像で見ると、サルコウの失敗の原因は判明しましたか。

鍵山 緊張からなのか何なのかわからないんですけれども、ちょっといつもよりスピードが足りなかったなというのは、映像だったり、実際滑って感じました。サルコウを跳ぶ瞬間に、一瞬変な意識がよぎって、それでたぶん変な方向に行ってしまったのかなと思います。

—— 普段、ジャンプのときは何を考えて？

鍵山 とくにジャンプのときは考えることはないんです。もう体に染みついているので。なんですけど、やっぱり最初のジャンプがいちばん大事になってくる場面で、ちょっと緊張もあったので、（回転数の）抜けのことを考えてしまったのかなと思います。

—— 今大会はイリア・マリニン選手がインパクトのある構成で戦っていましたが、今後どう戦っていきたいと考えていますか。

鍵山 マリニン選手もグランプリシリーズを経て成長していると思っていて。ぼく自身もこの3試合を経て成長している部分はもちろんあると思うので、ぼくはぼくのペースで、

でも世界選手権に出て互角で戦えるぐらいまで練習を積まなきゃいけないなと思う。そのためには、もっとクオリティを上げていかないといけないし、4回転も増やしていかないといけないので、そういうところは本当に視野に入れて覚悟を持って練習していきたいなと思っています。

—— 4回転を増やす前にもう少しほかをしっかり固めていきたい？

鍵山 表現を含めてプログラム全体にもうちょっと余裕を持たせなきゃいけないと思います。4回転と引き換えに表現が失われるのは本当によくないので。4回転をもう1本増やしてもいまのクオリティで演技ができるくらいまでもっともっと経験と練習を積み重ねていかなきゃいけないなと思います。

—— 今シーズン当初考えていたジャンプ構成からするといまの状態はいかがですか。

鍵山 もちろん怪我が本当によくなったので、いつでもオリンピックシーズンと同じぐらいの構成に戻していけるのかなとも思いますし、やっぱりこのグランプリシリーズを経験して、トップに上り詰めるための大きな壁であったりとか、試練みたいなものをすごく感じたので……本当に……ショートは変えるつもりはないですが、フリーに関してはフリップを入れるか、トウループをもう1個増やすかわからないですけど、とにかく自分のいまできる100%をしっかり出し切れるようにこれからがん

ばっていきたいなと思っています。

—— 同じスケーターから見てマリニン選手のすごさはどんなところにありますか。

鍵山 本当にいろいろあるんですけど、4回転をたくさん跳べる体の強さだったりとか、ポテンシャルももちろんあります。彼はたぶん表現はこれからだと言っていると思うんですけど、逆にそこまで伸ばしてこられたら本当に手の付けようがなくなってしまう。（笑）本当にいままでのネイサンみたいな感じになるのかなと思っているので、そこをどうやって攻略していこうか、これから考えていかなきゃいけないと思っています。

—— 彼のジャンプは高さがすごい？ 飛距離がすごい？

鍵山 もうどっちも。高さもあるし、回転力もあるし、バネもあるし、本当にすごいと思います。ぼくはけっこうスピードを出して跳ぶタイプなんですけど、マリニン選手はスピードがなくても体の使い方がすごく上手くて、すぐにポーンと跳んで4回転回ってしまうので、そこらへんすごいなと思います。体操とかやってたのかな。体幹もすごく強いので、すごく羨ましいです。

—— 鍵山さんのサルコウを見ていると、もう1回転いけるのではと思ってしまいます。

鍵山 サルコウだけは自信あります！（笑）

（2023年12月10日、GPF男子フリー翌日の共同取材より）

取材・文：編集部　Text by World Figure Skating

── 一晩明けてメダルの実感は出てきましたか。

吉田 実感はあまりないんですけど、すごくうれしい気持ちと、けっこうやりきった気持ちがあります。

── フリーの技術点はトップでした。

吉田 技術点で自分はけっこう稼いでいるので、しっかり自分ができることはできて、いま出せる点数は出せたかなと思います。

── フリーの技術点はGPシリーズ3戦ともトップでしたが、自信になっていますか。

吉田 アクセル以外のジャンプのミスが去年よりも減ったり、回転不足も少し減ったのが、技術点が上がった一因でもあるので、そこはしっかり練習の成果が出ているかなと思ってすごくうれしいですが、まだPCS（演技構成点）を伸ばせると思います。しっかりそこを伸ばしてシニアの他の選手と同じぐらいのPCSを出せるようになれば、もっと点数が出ると思うので、伸びしろがあるかなと思います。

── 練習では意識のうえでトリプルアクセルにどのくらいの比重を置いていますか。

吉田 アクセルは調子がいい日と悪い日とけっこう波があるので、練習時間はそのときの調子によって違うんですけど、他のジャンプはだいぶ安定してきたので、頭のなかではけっこうアクセルのことを考えている割合が多いと思います。

── 他のジャンプの安定感については。

吉田 去年は3ルッツ＋3トウとかの回転不足がけっこうついてしまって、それを直そうと思ってたくさん練習していたんですけど、けっこう時間がかかってしまって。今シーズンやっとその成果が出てきたかなと思うので、1年以上かけて練習してきたことが、やっといま成果が出てきたと思います。

── シニア1年目でGPファイナルの表彰台に上がるのは予想していましたか。

吉田 いや、全然してなくて。シーズンのはじめにはまず2戦グランプリシリーズをいただけただけで本当にうれしかったんです。でも、そこでしっかりどの試合でもチャンスをつなげてこられたので、そこはがんばったんじゃないかなと思います。

── ジュニアでじっくり力をつけてきた結果が表れている？

吉田 ジュニアグランプリに初めて出られたのが去年で、やっと出られてすごくうれしくて。去年の目標は（ジュニアで結果を出して）今年シニアに上がることだったので、まずその目標を達成して、どんどん思ったよりも目標を達成できているので、いまけっこう驚きというか、ちょっとついていけてないです。（笑）

── 世界選手権も見えてきたかと思いますが、実感はありますか。

吉田 いや、なんか……（選考基準の）項目に当てはまっているとは思うんですが、全日本でしっかり結果を出さないといけないし、まだ実力も自信も「世界選手権の代表に選ばれたい」と言えるほどないので、まず「世界選手権に出たい」と言えるようになるのが目標です。

── 端から見ると、1年目でファイナルのメダル獲得は順風満帆な印象も受けますが。

吉田 去年はJGPが1戦目と7戦目で、今シーズンほどの連戦が初めてだったので、中国杯の後はけっこう疲労もあって、ファイナルまで思うように調子は上がらなかったんですけど、しっかりできることをやったので、この結果につながって少し安心はしていますが、連戦の難しさはすごく感じました。

── では、そのなかで200点を超えたのは自信になるのでは？

吉田 あんまり調子がよくなかったなかで、しっかりまとめられたのは自信にもなりますし、200点台を2回連続しっかり出せたので、そこは自信を持っていいかなと思います。

── 美味しいもの食べました？

吉田 まだそんな食べられてないんですけど、肉まんは食べました。（笑）北京ダックはまだ食べてないです！

（2023年12月10日、GPF女子フリー翌日の共同取材より）

取材・文：編集部　Text by World Figure Skating

SP「Koo Koo Fun」からトリプルアクセルに挑む攻めの姿勢を貫き、フリーで逆転の表彰台に上がった
©Nobuaki Tanaka / Shutterz

©Nobuaki Tanaka / Shutterz

Hana Yoshida

メダリストの声

吉田陽菜

女子シングル3位

チャンスをつないできた

2005年8月21日、名古屋生まれ。木下アカデミー所属。昨季はジュニアGP初挑戦で2連勝し、ジュニアGPファイナル進出。2023年四大陸選手権8位。今季シニアへ本格参戦してスケートアメリカ4位、中国杯1位、GPファイナル3位。

女子2位 ルナ・ヘンドリックス（ベルギー）Loena Hendrickx (BEL)

アイスダンス3位 パイパー・ギレス＆ポール・ポワリエ（カナダ）Piper Gilles and Paul Poirier (CAN)

ペア3位 ディアナ・ステラート=ドゥダク＆マキシム・デシャン（カナダ）Deanna Stellato-Dudek and Maxime Deschamps (CAN)

アイスダンス2位 シャルレーヌ・ギナール＆マルコ・ファッブリ（イタリア）Charlene Guignard and Marco Fabbri (ITA)

坂本花織と吉田陽菜 Kaori Sakamoto and Hana Yoshida.
左：ペア2位 サラ・コンティ＆ニコロ・マチイ（イタリア）
Left：Sara Conti and Niccolo Macii (ITA)

表彰式で笑い合うイリア・マリニンと鍵山優真
Ilia Malinin and Yuma Kagiyama

男子5位 三浦佳生 Kao Miura (JPN)

女子4位 ニナ・ピンザローネ（ベルギー）Nina Pinzarrone (BEL)

男子4位 アダム・シャオイムファ（フランス）Adam Siao Him Fa (FRA)

アイスダンス5位 ロランス・フルニエ・ボードリー＆ニコライ・サーレンソン（カナダ）Laurence Fournier Beaudry and Nikolaj Soerensen (CAN)

男子6位 ケヴィン・エイモズ（フランス）Kevin Aymoz (FRA)

ペア4位 パヴロワ・マリア＆スヴィアチェンコ・アレクセイ（ハンガリー）Maria Pavlova and Alexei Sviatchenko (HUN)

女子6位 住吉りをん Rion Sumiyoshi (JPN)

アイスダンス6位 マージョリー・ラジョア＆ザカリー・ラガ（カナダ）Marjorie Lajoie and Zachary Lagha (CAN)

アイスダンス4位 ライラ・フィアー＆ルイス・ギブソン（イギリス）Lilah Fear and Lewis Gibson (GBR) 左：ペア6位 リア・ペレイラ＆トレント・ミショー（カナダ）Left：Lia Pereira and Trennt Michaud (CAN)

ペア5位 レベッカ・ギラルディ＆フィリッポ・アンブロジーニ（イタリア）Rebecca Ghilardi and Filippo Ambrosini (ITA)

女子5位 イザボー・レヴィト（アメリカ）Isabeau Levito (USA)

GRAND PRIX Final

日本のホープたち、シングルを制す

ジュニアグランプリファイナル2023

ジュニアグランプリファイナルが
12月7〜10日、中国・北京で
シニアと同時開催された。
女子の島田麻央が大会を連覇、
中田璃士が初出場初優勝。
13歳の上薗恋奈が銅メダルを獲得した。

文：編集部 Texts by World Figure Skating

島田麻央フリー「Benedictus」。逆転優勝
で2連覇を遂げた Mao Shimada (JPN)
©Nobuaki Tanaka / Shutterz

女子は昨季に続いて日韓戦となった。ジュニアGP全7戦のうち日本勢が5勝、韓国勢が2勝、21個のメダルのうち2ヵ国で9個ずつを獲得する圧倒的な強さを誇っている。さらに6人中4人は昨季と同じメンバー。

なかでも、ジュニアシーンを全戦全勝の強さでリードするのが4回転ジャンパーの島田麻央だ。連覇の期待がかかるなか、SPは後半に跳んだ3ルッツの着氷が乱れ、68.27点で2位。そのほかの要素はレベルや出来栄えの加点も申し分なかったが、完璧な演技を目指していただけに、悔し涙とともにスタートすることになった。フリー「Benedictus」は、冒頭の3アクセルをクリーンに決めると、続く大技4トウもキレのあるジャンプで成功した。ISU大会で3アクセルと4回転を1つのプログラムで決めるのは、女子選手史上4人目、日本女子としては初の快挙だった。後半の3ループが1回転になるなど、いくつかミスはあったが、フリー138.06点、合計206.33点で日本ジュニア初となる大会2連覇を決めた。「(大技の)2本成功が自分のなかでいちばん目標にしていたことだったので、いまはうれしいほうが大きいと思います」。

2位はデイヴィッド・ウィルソン振付のプログラムで清らかな演技を披露したシン・ジア。大きなミスなく演技をまとめ、合計200.75点で韓国のホープが2年連続の2位に入った。3位は上薗恋奈。初出場の中学1年生は、のびのびとした演技ですべての自己ベストを更新して合計196.46点を獲得した。同じく初出場でトリプルアクセルジャ

ンパーのキム・ユソンが4位。

中井亜美は5位。腰の怪我の影響で、ユースオリンピックや世界ジュニア選手権の選考がかかった11月の全日本ジュニア選手権では涙をのんだが、試合後に中庭健介コーチからかけられた「ユースオリンピックに行けなくても、あなたはミラノ・オリンピックに行くんでしょう?」という言葉を励みに再び奮起したという。フリーで3アクセル挑戦するなど復調の兆しを見せた。

男子は、出場6人全員が初出場のなか、最年少15歳の中田璃士がSP4位から10点近い差を大逆転して初優勝した。フリーは、演技直前に「ホームラン予告しておいたら?」と周囲に勧められ、父・中田誠人コーチへ向かって予告ホームランのポーズをとってからスタートポジションに着く大物ぶりを発揮。冒頭から4トウ、3アクセル＋3トウを決め、直後のスピンを回りながら2本目への挑戦を決めたといい、再びアクセルの軌道に入った。思い切り跳び上がると3回転半回ってきれいに着氷。その後も4本の3回転と2本の2アクセルをパーフェクトに決め、こぶしを振り下ろすガッツポーズとともに喜びを爆発させた。フリー160.06点、合計227.77点。演技後は、「ホームラン出ました!」と笑い、「楽しむ予定で滑ったので、この演技ができたのは自信にもつながります」と満足げに語った。

SP1位の韓国のキム・ヒョンギョムが2位。フリーの4トウは転倒したが、SP、フリーで3アクセルを成功させ、合計223.61点を獲得した。3位はスロバキアのアダム・ハガラ。

ペアは、メテルキナ＆ベルラワ(ジョージア)が合計202.11点で優勝した。ベルラワは、これまでのパートナーとユースオリンピックや世界ジュニア選手権で優勝した実績を持つ21歳。今季、18歳のメテルキナとチームを結成し、ジュニアGPシリーズで3連勝した。2位のケンプ＆エリザロフ、3位のデロッシャー＆スラッシャーとカナダ勢が続いた。アイスダンスは、ジュニアGP大阪優勝のネセット＆マルケロフ(アメリカ)が合計177.09点で勝利した。2位はイスラエルのトカチェンコ＆キリアコフ、3位はドイツのグリム＆サヴィツキー。　■

島田麻央

女子シングル1位

勝負は勝ちたい

2008年10月30日、東京生まれ。木下アカデミー所属。昨季のジュニアデビュー以来、国内外のジュニア大会で全戦全勝を誇る世界ジュニア女王。今季はジュニアGPアルメニア大会1位、大阪大会1位、ジュニアGPファイナル2年連続優勝。全日本ジュニア選手権3連覇中。

Mao Shimada

SP「Americano」©Nobuaki Tanaka / Shutterz

逆転で2連覇を達成
©Nobuaki Tanaka / Shutterz

―― 連覇おめでとうございます。

島田 連覇はすごくうれしいんですけど、やっぱり自分の（フリーの）トリプルアクセルと4回転を見返したときに、その両方成功したうれしさのほうが強かったです。

―― 見返して思い出していましたか。

島田 何回も成功したのを、自分を褒められるようにと思って見てました。

―― 成功させた2本のジャンプはご自身で納得のいくものでしたか。

島田 アクセルはそこまで練習のときよりいいものは跳べなかったんですけど、4回転は自分のなかですごくいいものが跳べたと思います。

―― 見直してみて、4回転はいままでとどこか違うところはありましたか。

島田 練習のときからコースをどうしたらよくなるかを試しながらやっていたんですけど、そのコースが先生にも「これがよかったよ」と言われた通りに跳べていたのかなと思います。

―― SPのあとトップと僅差の2位で、高難度ジャンプに挑戦することで連覇を逃してしまうかもしれない怖さはなかった？

島田 連覇は狙ってはいるんですが、やっぱり2本挑戦して2本失敗するより、2本挑戦できなかったほうが自分にとっては悔しい。2本を抜くということは頭にはなかったです。

―― 逃げたくなかった？

島田 自分で決めたことはやり切りたいです。

―― SP後は涙もありましたが、悔しさは強く感じるほうですか。

島田 去年はあまり悔しい思いをしなかったんですけど、今シーズンは悔しい思いを実感することができて、逆に練習をもっとがんばろうと思えたので、悔しさも逆にあってよかったと思います。

―― 今季、悔しさを感じる場面が増えた理由はどんなことがありますか。

島田 やっぱりフリップ＋トウループでミスしてしまったり、今回のルッツでミスしてしまってノーミスの演技ができなかったところから、もっと練習しなきゃいけないなと思います。

―― 負けず嫌い？

島田 勝負は勝ちたいです。

―― 今回大きな舞台で大技2本を揃えられたことは、今後の自信になりそう？

島田 ショートプログラムで2位になってから、巻き返せないと1位になれないというところで決められたことは、次ショートでもし失敗してしまっても2本決めることができるっていう自信にはなります。

―― 次の大技を組み込む計画は考えていますか。

島田 もう1本組み込むことは考えていなくて、やっぱり2つ安定して成功できるようにしたいので、まずは2本入れることを目標にしています。

―― 3アクセルは試合での成功率が上がっていると思いますが、ご自身ではどれぐらいものになってきたと感じていますか。

島田 自分のなかであまりよくないジャンプではあっても、1日に1回は絶対に跳べるようになってきているので、アクセルに関しては感覚がつかめてきたと思います。

―― プログラムのなかで、3アクセル、4トウと、全然違う2種のジャンプを続けて跳ぶときに気をつけていることは？

島田 アクセルは（踏み込み時に）手を止めて跳ぶんですけど、4回転は左手を後ろに引いて跳ぶので、全然違うジャンプ。アクセルは1本目なのでいつも通り跳んで、4回転は止めると回転ができなくなってしまうので、そこは思いっきりやって、止めすぎないようにするというのを心がけています。

（2023年12月9日、JGPF女子フリー翌日の共同取材より）

取材・文：編集部　Text by World Figure Skating

中田璃士 <small>男子シングル1位</small>

意識を変えてくれた悔しさ

SP4位から逆転し初出場初優勝 ©Nobuaki Tanaka / Shutterz

2008年9月8日、イギリス・カーディフ生まれ。TOKIOインカラミ所属。父・中田誠人と中庭健介に師事。今季はジュニアGPタイ大会1位、トルコ大会2位、ジュニアGPファイナル優勝。全日本ジュニア選手権2位。

—— 優勝おめでとうございます。

中田 まさか優勝するとは思ってなかったので、ここで優勝できたのはすごく自信につながります。次の大会では今回ミスしたところをできるようにしたら、もっと楽になるんじゃないかなと思います。

—— SP4位からフリーへ臨む心境は？

中田 気持ち的にはもうメダルを獲りにいくことに集中していました。ショートはみんなの点数を聞いてから行ったんですけど、フリーは誰の点数も聞かないで、もう自分に集中していたので、ショートと違って気持ちの切り替えはしっかりできたかなと思います。

—— フリーで3アクセルを2本跳ぶかどうかは中庭先生から委ねられたそうですね。

中田 「いけそうだったらいって」と言われました。練習から1回もやってないので跳べるかわからなかったんですけど、「挑戦しな」と言われたので挑戦しました。

—— 北京オリンピックのころはあまりスケートを見ていなかったとのことですが。

中田 そうですね。もちろんスケートで生き

てはいきたかったんですけど、全然スケートに興味がなくて。いまやってるジャンプだけでいいかなとか思っていて、試合とかも全然出たくなかったです。

—— 意識が変わったのは？

中田 MF（練習拠点のMFアカデミー）に行く前の年（2021年）に全日本ジュニアのフリーでよくない演技をして、それが悔しくて……もっとがんばれていたらもっと上に行けたのにっていう思いがけっこう強くて、そこから練習し始めました。

—— それ以前は、お父さまにやらされているという意識もあった？

中田 そうです。なんか毎日学校終わって連れてかされて……。（笑）小学6年生ぐらいまではみんなで遊びたかったり、あとはゲーム

やサッカーをしたかったり、そういうのがあったんですけど、中学1年生の終わりぐらいから変わりました。

—— 全日本ジュニアでの失敗のあと、どうしてまたがんばれたのでしょうか。

中田 みんなにこの選手はだめだなって思われるのが嫌で、そこから練習しました。

—— その経験が生きているんですね。

中田 たぶんあの全日本ジュニアがなかったらいまここにいないと思います。

—— 本気でやり始めて1年ほどで、ジュニアGPファイナル優勝となるとちょっと天才なのでは？ と思ってしまいますね。

中田 まあ……そうですね。（笑）

（2023年12月10日、JGPF男子フリー翌日の共同取材より）

取材・文：編集部 Text by World Figure Skating

—— 一夜明けましたが、メダルを改めて見ていかがですか。

上薗 まだ3位を獲ったという実感はないんですけど、やっぱり昨日もメダルを見てすごくうれしかったです。

—— SP、フリーで自己ベストを更新できた要因はどのあたりにあったと思いますか。

上薗 やっぱり楽しんで滑れたことと、自分の魅力を出せたっていうのはすごくよかったかなと思います。次からもそういうのを大事にしてやっていきたいなと思いました。

—— 今回大舞台でもあまり緊張しなかったとおっしゃっていましたね。

上薗 フリーはいつもより少し緊張したんで

上薗恋奈 <small>女子シングル3位</small>

楽しんで滑れた

2010年6月7日、愛知生まれ。LYS所属。2022年全日本ノービスA優勝。ジュニアデビューの今季は、ジュニアGPトルコ大会2位、ポーランド大会1位、ジュニアGPファイナル3位。全日本ジュニア選手権3位。

フリー「Pray／Mechanisms」
Photos ©Nobuaki Tanaka / Shutterz

すけど、自分がやってきたことを信じてやるのがいちばん大事かなと思うので、そういうことを意識してやりました。

—— 挑戦する気持ちだった？

上薗 まずはこの舞台に立てることを感謝して、楽しんで滑ることがいちばんかなと思ったので、それをやりました。

—— 昨年も出ている島田麻央選手、中井亜美選手が一緒にいるのも心強かった？

上薗 そうですね。麻央ちゃんも亜美ちゃんも経験がすごいので心強かったです。

—— 2人の印象は？

上薗 2人とも優しいです。

—— 競技を始めたのは何歳のときですか。

上薗 5歳ぐらいからお教室に行って、7歳からクラブに入りました。邦和スケートクラブです。

—— 憧れの浅田真央選手の演技で好きなものは？

上薗 （ソチ・オリンピックで）ショートからの追い上げたフリーがやっぱり感動だなと思いました。

—— お名前の「恋奈」の由来は？

上薗 「恋」はちょっと忘れちゃったんですけど、「奈」は大きく示すという意味で使ったそうです。

（2023年12月9日、JGPF女子フリー翌日の共同取材より）

取材・文：編集部 Text by World Figure Skating

シン・ジア

女子シングル2位

キム・ヨナさんのような
素晴らしい選手に

Jia Shin

2008年3月19日、韓国・釜山生まれ。2022年、2023年世界ジュニア選手権2位。昨季、韓国選手権で初のチャンピオンとなり、今季はジュニアGPオーストリア大会、ハンガリー大会1位、ジュニアGPファイナルでは2年連続の2位。

©Nobuaki Tanaka / Shutterz

デイヴィッド・ウィルソンの振付で情感たっぷりに演じたフリー「Not About Angels／Portion of Eternity」©Nobuaki Tanaka / Shutterz

―― 2年連続の表彰台おめでとうございます。素晴らしい演技でしたが、いまどんなお気持ちですか。

ジア ショートとフリーともに大きなミスなく終えられて、ちょっと安心しています。そして2年連続の表彰台という結果は本当にうれしく思っています。

―― フリーの最終滑走は緊張しましたか。

ジア そうですね。やっぱり緊張しました。

―― ジュニアGPシリーズは3季目ですが、成長をどんなところに感じましたか。

ジア デビューのシーズンと比べて精神的にちょっと強くなったと思います。試合に入るときは、周りのことを考えずに、ただ自分自身に集中すること、それからプログラムをどのように生きていくかを考えることに集中できていると思います。

―― 現在、韓国のナショナルチャンピオンでもありますが、シニアの選手たちのなかで戦ってみていかがでしたか。

ジア 国内ではシニアのプログラムを使っているので、ジュニアとシニアを行ったり来たりするのがちょっと大変なんです。でも、先週は（韓国ランキング大会で）シニアのプログラムをやって、今週はジュニアになったので、ちょっと楽になったかなとも思います。（笑）

―― シニアとジュニアのスケーターにどんな違いを感じますか。

ジア シニアのスケーターたちはみんなパワーがあって、滑りやジャンプもパワフルだなと感じます。そこは私も学んでいかなければいけないと思っています。

―― 今シーズン、デイヴィッド・ウィルソンさんの振付に初挑戦されていますが、お願いしようと思ったのはどんなきっかけが？

ジア デイヴィッド・ウィルソンさんのいろんな作品を見て、自分に似合うんじゃないかなと思ってお願いしたいと思いました。実際に一緒に仕事をしてみて、やっぱりよく似合っているなと思います。（笑）

―― この夏には、日本の中庭健介コーチのところで練習していましたが、どうして行ってみようと思ったんですか。

ジア 去年、ジュニアグランプリシリーズの第3戦のラトビア大会と第6戦ポーランド大会で、ともに中井亜美選手と一緒だったんですけれど、そのとき中庭先生と中井さんがお2人でコミュニケーションをよくとりながら試合をしていて、その姿がとてもいいなと思ったんです。それで、自分も指導を受けてみたいと考えて、中庭先生のもとへ行くことにしました。

―― 中庭先生のもとではどんなことを学びましたか。

ジア 基礎的なスケーティング、ストローキングやエッジワークの基本をとても強化して、そこからジャンプのランディングや流れをきれいに作っていくことに取り組みました。

―― 日本での暮らしの思い出は？

ジア 謡ちゃん（同じMFアカデミーの髙木謡選手）と一緒に新大久保に遊びに行って、楽しかったのがとくに思い出に残っています。

―― この後は、どんなところに目標を置いていきますか。

ジア 短期的には韓国でユースオリンピックが開かれるので、そこでいい演技を見せることが目標です。そして将来はキム・ヨナさんみたいな素晴らしいスケーターになりたいです。

―― 先シーズン、シニアのイ・ヘイン選手やキム・イェリム選手が世界のトップシーンで大活躍されましたが、先輩たちの活躍をどんなふうにご覧になっていましたか。

ジア 四大陸と世界選手権を見ながら、お姉さんたちすごいなと思いましたし、私も将来はシニアの大きい舞台でいい成績を出したい、強い選手になりたいと思いました。

―― これまで、ダンスや他のスポーツなど習い事をしたことはありますか。

ジア ないです。幼いころはスケートのためにバレエを少しやっていたんですが、裸足でやっていたら足がちょっと痛くなってしまって。いまはやっていません。

―― ごきょうだいは？

ジア 兄が1人います。でも兄は、スケートはやっていません。

―― オフアイスでの趣味は？

ジア ベイキングです。クッキーを作ったりするのが好きです。

―― ありがとうございます。今後のご活躍も楽しみにしています。

（2023年12月9日、JGPF女子フリー翌日に取材）

取材・文：編集部 Text by World Figure Skating

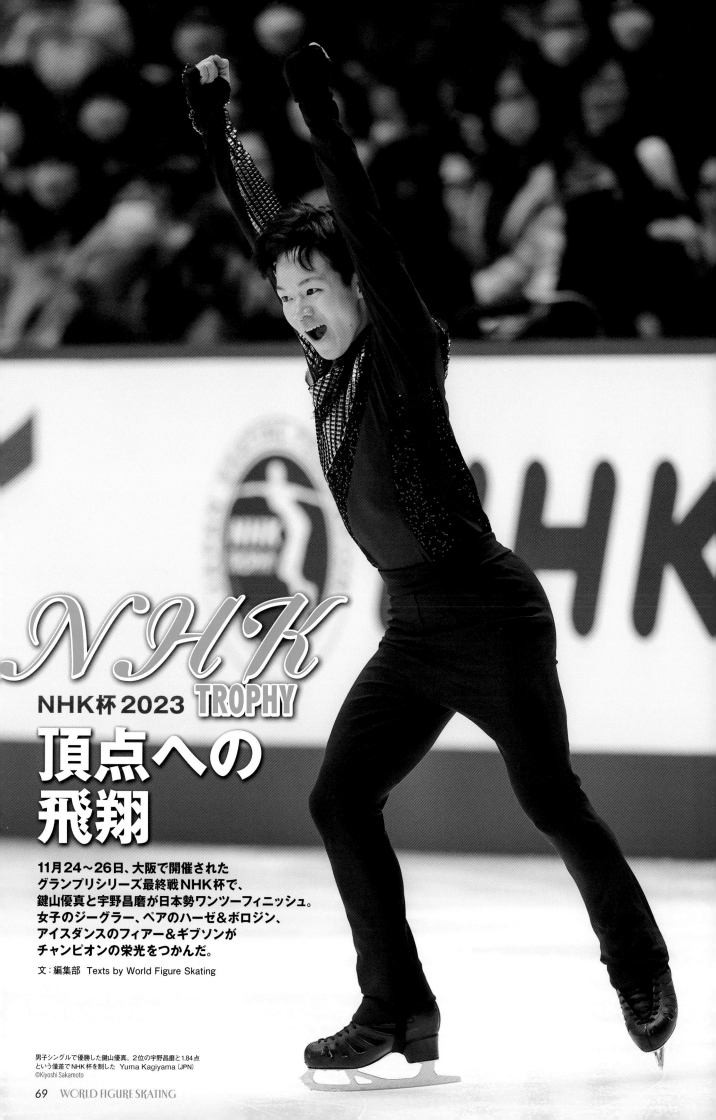

NHK TROPHY

NHK杯 2023

頂点への飛翔

11月24〜26日、大阪で開催された
グランプリシリーズ最終戦NHK杯で、
鍵山優真と宇野昌磨が日本勢ワンツーフィニッシュ。
女子のジーグラー、ペアのハーゼ＆ボロジン、
アイスダンスのフィアー＆ギブソンが
チャンピオンの栄光をつかんだ。

文：編集部　Texts by World Figure Skating

男子シングルで優勝した鍵山優真。2位の宇野昌磨と1.84点
という僅差でNHK杯を制した　Yuma Kagiyama (JPN)
©Kiyoshi Sakamoto

表彰式にて。宇野昌磨と鍵山優真　Shoma Uno and Yuma Kagiyama ©Kiyoshi Sakamoto

　ISUグランプリシリーズの最終戦、第45回NHK杯国際フィギュアスケート競技大会が11月24〜26日、大阪・東和薬品RACTABドームで開催された。

鍵山優真、日本勢対決を制す

　男子SPでは、鍵山優真が今季世界最高（当時）得点105.51点で首位に立った。「Believer」に乗って、冒頭の4トウをあざやかに決めると、4トウ＋3トウ、3アクセルも着氷。カロリーナ・コストナーのもとで強化してきた演技構成点でも9点台をそろえた。

　宇野昌磨は、4トウ＋3トウの両方が回転不足をとられ、100.20点で2位発進。3位には昨季ヨーロッパ銅メダリストのルーカス・ブリッチギー（スイス）、4位にはアメリカのカムデン・プルキネンが続いた。

カロリーナ・コストナーコーチと鍵山優真 ©Kiyoshi Sakamoto

　100点超えの日本勢同士の一騎打ちとなった翌日のフリー。11番滑走で登場した宇野は、4ループ、4フリップ、4トウ＋3トウ、4トウと4回転4本を組み込む高難度の構成で臨んだ。だが、4回転はいずれも回転不足をとられ、スピンも1つレベル3と判定され、フリー186.35点、合計286.55点と得点は伸びなかった。

　宇野は、「ジャンプは結構きれいかなと思ったんですけど。すごい厳しかったなと感じますし。もしこれが今後の基準になるなら、ここがぼくの限界。これ以上、ぼくに先はないなと思わされる試合だったなと思います」と率直な思いを口にした。

　勝利を手にしたのは、最終滑走の鍵山だった。プログラムは、4サルコウ、4トウ＋オイラー＋2サルコウと、4回転2本の構成。3アクセルは転倒したものの、スピンとステップはすべてレベル4をそろえ、他のジャンプも出来栄えで高い評価を受け、フリーは182.88点と宇野に及ばなかったもの、合計288.39点で優勝を果たした。

　鍵山は「終わるまでは結果を気にせず、とにかく今日は自分のやるべきことに集中しようと思った。3アクセルで転んだのはすごく悔しいんですけど、それ以外の要素は落ち着いてできたと思う

ので、次に向けてがんばりたい。宇野選手と滑ることができて、楽しかった。ファイナルで一緒に滑れるのが楽しみ」と語った。

　3位はブリッチギー、SP7位から追い上げたニカ・エガッゼ（ジョージア）が4位、5位はカムデン・プルキネンだった。

　初出場の壷井達也は、SPでは冒頭の4サルコウは着氷したものの、その後ジャンプミスが重なり、最下位と出遅れた。だが、フリーでは5位と巻き返し、総合9位となった。壷井は「昨日は自分自身を信じられなかった。思いつめたような感じだったんですけど、今日は、もうこの会場を楽しもうと思ってがんばりました」と笑顔で話した。

アメリカの新星ジーグラーが優勝

　女子SPでは、アメリカのリンジー・ソーングレンがトップに立ち、ベルギーの新星ニナ・ピンザローネ、世界銀メダリストのイ・ヘイン（韓国）が続いた。4位は、右足首の故障でNHK杯が今季初戦となった三原舞依。2位から5位のアメリカのエヴァ・マリ・ジーグラーまで、1.5点差と上位は接戦となった。

　女子フリーで、順位が大きく入れ替わる展開のなか、表彰台は海外の17歳（当時）が独占した。タイトルを獲得し

アイスダンス1位 ライラ・フィアー＆ルイス・ギブソン（イギリス）Lilah Fear and Lewis Gibson（GBR）
©Kiyoshi Sakamoto

男子2位 宇野昌磨 Shoma Uno（JPN）©Kiyoshi Sakamoto

女子シングル1位
エヴァ・マリ・ジーグラー（アメリカ）
Ava Marie Ziegler（USA）
©Kiyoshi Sakamoto

ペア1位 ミネルヴァ・ファビアン・ハーゼ＆ニキータ・ボロジン（ドイツ）
Minerva Fabienne Hase and Nikita Volodin（GER）©Kiyoshi Sakamoto

たのは、SP 5位から追い上げた初出場のジーグラーだった。ジーグラーは3フリップ＋2アクセル＋2アクセルのシークエンスを含む、7つの3回転を着氷し、自己ベストの合計200.50点をマークし、グランプリシリーズ初優勝を飾った。ジーグラーは「とにかくわくわくした気持ちと安心した気持ちです。今回の結果で自信がつきました。今後もおごることなく、改善に努めていきたいと思います」と喜びを語った。

2位のソーングレンは「支えてきてくれたチームに感謝したいです。今回の演技には満足していますが、もっとできると思っているので、成長し続けたいと思います」、3位のピンザローネは「グランプリファイナルに進出することができてうれしい。最初は無理かなと思っていたのですが、これからまた進むことができてエキサイティングな気持ちです。今回の結果は今後へのモチベーションになりました」と語った。

SP 4位だった三原はジャンプミスが続き、総合8位。三原は「足が痛くてももっとできる強さを身につけたい。悔しい部分もあるが、落ち着いて滑ることができ、次に生かせる課題が見つかった。これからもがんばりたい」と前を向いた。

SP 11位と出遅れた樋口新葉は、冒頭で3アクセルに果敢に挑戦したが、転倒。だが、ほかのジャンプはいくつか回転不足をとられながらも着氷し、9位となった。樋口は「アクセルが跳べる状態まで戻せるとは思っていなかった。すごく学びの多い大会だった」と振り返った。

グランプリシリーズ初出場の青木祐奈は、SP、フリーとも自己ベストを更新する演技で合計184.46点、日本勢最高位の総合5位に入った。「大舞台で大きなミスなく自分らしい演技ができたということが大きな自信になったし、それが今後につながっていくと思う。今度はすべてのジャンプでミスをしないように練習していきたい」と話した。

長岡＆森口ペアが国際大会デビュー

ペアでは、世界チャンピオンの三浦璃来＆木原龍一が、木原の腰の怪我のために欠場した。日本からは、結成半年の長岡柚奈＆森口澄士が出場し、初の国際大会を8組中8位で終えた。SPではサイドバイサイドやスロウジャンプでミスが出たが、フリーでは後半のリフトでミスがあったものの、3連続ジャンプを決め、スロウジャンプを踏ん張って着氷した。トップ選手との試合後、2人とも「練習やアップのときからすごく勉強になった」と多くの収穫を得たことを明かした。

ペア優勝は、合計202.51点を獲得

女子5位 青木祐奈 Yuna Aoki（JPN）©Kiyoshi Sakamoto

した結成1年目のハーゼ＆ボロジン（ドイツ）。前週に次ぐGP 2連勝でファイナル進出を決めた。ハーゼは「とてもほっとしていますし、喜んでいます。先週のエスポーの大会と比べて出来もいいし、初めての200点超えで、とてもよかったと思います」と話した。2位と3位には、ベッカリー＆グアリーゼ、ジラルディ＆アンブロジーニとイタリアのペアが入った。

フィアー＆ギブソン、GP初優勝

アイスダンスでは、昨季世界4位のフィアー＆ギブソン（イギリス）が、フリーダンスで映画「ロッキー」のテーマに乗って、エンタメ要素が強いプログラムを披露。自己ベストとなる130.26点をマークし、ヨーロッパ・チャンピオンのギナール＆ファッブリ（イタリア）を逆転し、グランプリシリーズ初優勝を果たした（合計215.19点）。ギブソンは「夢が叶った気分。日本は毎回温かく迎えてくれて最高です。最高点をここで出せて本当によかった。ベストな大会になりました」と語った。3位には、リード＆アンブルレヴィチウス（リトアニア）が入り、自身2つ目のGPメダルを手にした。

今季国際大会初戦だった小松原美里＆小松原尊は、RD「ゴーストバスターズ」に乗って、軽快に滑り出したものの、リフトでミスが出た。FDでは、自己ベストに迫る演技を見せたが、9組中9位にとどまった。　■

Photos ©Kiyoshi Sakamoto

ペア3位 レベッカ・ギラルディ＆フィリッポ・アンブロジーニ
（イタリア）Rebecca Ghilardi and Filippo Ambrosini (ITA)

ペア2位 ルクレツィア・ベッカリー＆マッテオ・グアリーゼ（イタリア）
Lucrezia Beccari and Matteo Guarise (ITA)

ペア8位 長岡柚奈＆森口澄士
Yuna Nagaoka and Sumitada
Moriguchi (JPN)

アイスダンス2位 シャルレーヌ・ギナール＆マルコ・ファッブリ（イタリア）Charlene Guignard and Marco Fabbri (ITA)

アイスダンス9位 小松原美里＆小松原尊
（コレト・ティム）Misato Komatsubara
and Tim Koleto (JPN)

男子9位 壺井達也
Tatsuya Tsuboi (JPN)

男子5位 カムデン・プルキネン（アメリカ）
Camden Pulkinen (USA)

女子2位 リンジー・ソーングレン（アメリカ）Lindsay Thorngren (USA)

男子7位 デニス・ヴァシリエフス（ラトビア）
Deniss Vasiljevs (LAT)

アイスダンス3位 アリソン・リード＆サウリウス・アンブルレヴィチウス（リトアニア）Allison Reed and Saulius Ambrulevicius (LTU)

女子9位 樋口新葉 Wakaba Higuchi (JPN)
左：女子7位 キム・イェリム（韓国）
Left：Yelim Kim (KOR)

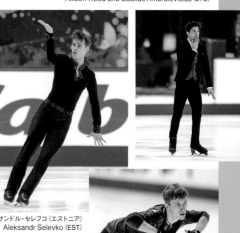

男子8位 アレクサンドル・セレフコ（エストニア）
Aleksandr Selevko (EST)
右上：男子10位 リュック・エコノミド（フランス）
Upper right：Luc Economides (FRA)
右：男子12位 ミハイル・セレフコ（エストニア）
Right：Mihhail Selevko (EST)

©World Figure Skating / Shinshokan

Interview

ルーカス・ブリッチギー

男子シングル3位

ステファンがぼくのアイドル

Lukas Britschgi

1998年2月17日、スイス・シャフハウゼン生まれ。2022年北京オリンピック出場、2023年ヨーロッパ選手権銅メダル。今シーズンはNHK杯でGP初メダルとなる3位を獲得した。

今季の男子はレベルがおかしい！

—— グランプリシリーズ2戦で活躍され、NHK杯で初の表彰台に乗りました。シリーズを終えたいまの気持ちは？

ブリッチギー 最高です。2戦とも素晴らしい試合だった。フリーはフランス大会での演技のほうがよかったけど、でも最終的に銅メダルが獲れたし、それが重要なことですよね。だから最高にハッピー。選手権を除いたらいちばん価値のあるグランプリの試合2戦に出られただけでも光栄なのに、いい演技ができて、銅メダルを持って帰れるなんてね。

—— 今季の男子の戦いについて、どんなふうに考えていますか？

ブリッチギー みんなおかしいよ。（笑）レベルがどんどんどんどん上がっていく。日本の選手はすごいし、フランスにはアダム（・シャオイムファ）がいる。このレベルに食いついていくのはすごく大変だけど、そのなかで表彰台に上がれたのは誇りです。日本のレベルまではちょっと厳しいかもだけど、ヨーロッパのレベルには達したと思う。こんなにすごい選手たちと同じ氷に乗って滑れたことはかなりクールだし、ただ見てるだけですごく触発されました。もっとがんばろうと思いました。

—— 今回の演技で最も評価できると思っているのは？

ブリッチギー たぶん、どの要素も比較的安定していたことだと思う。クリーンとは言えないけど、大きなミスはなかった。両方のプログラムで、自分の力を発揮することができたのは収穫です。4回転も降りられたし、アクセルは綺麗に決まった。進歩を見せることができたのがカギです。

—— フランス大会とはどんな違いが？

ブリッチギー フランスではすべてのジャンプをミスなくクリーンに決めることができました。4回転もトリプルアクセルも、昨日失敗したフリップ＋オイラー＋3サルコウだってうまくいった。でも、昨日はほとんどのジャンプがいいクオリティとは言えなかった。GOEもフランスのほうがもらえてたし。でもまあOKという感じかな。フリップでパンクしてしまったのは明らかにメンタルの問題で、あの瞬間は

上：SP「I'm In the Mood for Love／Superstition」
左：表彰式にて笑顔を見せる
Photos ©Kiyoshi Sakamoto

ジャンプに集中せずに先のことを考えてしまっていました。バカなミスをしちゃいました。コンボは、ショートでもそうだったけど、着氷のときに2本目をつけられるだけの自信が少し足りなかったのかなと思います。

—— 昨シーズンはヨーロッパ選手権で3位になりました。ヨーロッパのメダリストになったことの意味は？

ブリッチギー 前と比べてぼくを知ってくれている人が増えたこと。プレッシャーでもあるけれど、やっぱり昨季を成功裏に終えたことで、モチベーションと次に向かうエネルギーを与えてもらいました。夏の練習もやる気満々で、進歩できたと思います。知名度が上がるのはこのスポーツだとやっぱり有利で、今季は多少ミスをしても大きくポイントが減らなくなったなと思っています。4年前ならミスしたら最下位だったから。それはもちろん自信の面でもプラスだし、まだセンターに立ったとはいえないけど、ある程度スポットライトを当ててもらっているなと思います。

—— 注目されるのは楽しい？

ブリッチギー はい。いや、メインのスポットライトは真ん中の人たちに当たっててぼくは横っちょなんだけど、でも、うん、楽しいです。（笑）スイスの国旗を振ってくれるお客さんもたくさんいて、演技中に手拍子で応援してくれる。すごくうれしいし誇らしいです。もっとがんばっていこうと思わせてもらえます。

—— スイスの男子選手としてステファン・ランビエル以来のヨーロッパ・メダリストになったわけですが、彼はどんな存在ですか。

ブリッチギー もちろんステファンはぼくの目標でありアイドルです。たぶん彼が出た試合は全部見ていて、ずーっと彼を目標にしてきました。本当に、本当にファンです。いまでも家にポスターが貼ってあるくらい。（笑）彼は世界最高のスケーターで、オールタイムベ

ストの存在。子どものころからいままで、ステファンがぼくにとってインスピレーションの源です。彼のクオリティは別次元。いまは同じ選手としてではないけれど、試合に行くとよく顔を合わせるし、声をかけてもらっています。ステファンからサポートしてもらえて光栄です。スケーターとしても、人間としても、尊敬し目指す人です。

―― ステファンのどのプログラムが好きですか。

ブリッチギー やっぱり2006年トリノ・オリンピックで銀メダルを獲ったときの演技かな。あの「四季」は演技も衣装も何もかも好きです。でも彼のプログラムは全部好きだから、これ1つとは言えない。

どんなときも楽しむ

―― ここ数シーズンで一気に結果が出てきていますが、ターニングポイントだったと自分で思うことはなんでしょうか。

ブリッチギー もちろんユーロの銅メダル。それまでトップ10に入ったこともなかったんです。それが1年で表彰台に乗っちゃったのはターニングポイントですよね。でもステップバイステップで時間をかけてここまで来たので、これまでの努力のご褒美がもらえたなと思っているし、まだまだこれからも進歩するつもりです。

―― ミハイル・フースコーチに師事していますが、彼はどんなコーチですか。

ブリッチギー かなり前からときどき教えてもらっていたんですけど、自分のコンフォートゾーンから出て新しい環境で練習すべきだと思ったのが4年前で、それを与えてくれるオーベルストドルフのリンクに移籍しました。それからミヒャエルがぼくのヘッドコーチで、すごく後押ししてもらっています。世界最高のコーチで、とても感謝しているし、これからさらにいろんなことを達成させてくれると信じています。

―― もともとスケートを始めたきっかけは？ お母さまがアイスダンサーだったと伺いましたが。

ブリッチギー 物心ついたらいつの間にか滑っていました。でも自分の意志でスケートを選んで、最初はアイスダンスをやってみたけど、シングルが気に入って、7歳か8歳のころにシングルだけやることにしたんです。

―― お母さまはアイスダンスをやってほしかったと寂しがらなかった？

ブリッチギー いやいや、喜んでくれてたと思うよ。(笑)

―― 普段の生活ではどんなふうに過ごしていますか。

ブリッチギー ぼくの生活の中心はフィギュアスケートです。各50分、1日3回の練習セッションがあって、それが4回の日もある。だから週に25時間くらいはスケートに集中しています。そのかたわらで、学校では経営学を勉強しているので、その勉強もやらなくちゃい

けない。もうそれだけで1日が終わっちゃいますよね。フィギュアスケートのことだけだと頭が破裂しちゃうから、家族や友だちと過ごす時間にスイッチオフするようにしています。家族や友だちと一緒にいるのがリラックスタイムだし、ストレスから回復できる時間ですね。

―― これまでで最高の瞬間は。

ブリッチギー ユーロの表彰台以外だったら、オリンピックです。たいしていい演技はできなかったけど、オリンピックという場にいられるだけで素晴らしかった。最高なのはその2つだけど、でも普段からどんなときも楽しむようにしています。なるべく精いっぱい毎日を過ごしたい。

―― 今後の目標はどんなことですか。

ブリッチギー 2026年のオリンピックに出ることが長期的にはいちばんの目標です。

―― 日本のファンに向けて、何かメッセージをいただけますか。

ブリッチギー 応援ありがとうございました。日本で滑るのはいつも大好きで、観客のみなさんから大きな愛と称賛をもらっています。今回もすごく楽しかった。また日本に来ますね！

―― ぜひ、楽しみにしています。本日はありがとうございました。

(2023年11月26日、NHK杯男子フリー翌日に取材)

取材・文：編集部 Text by World Figure Skating

　体から音を放つようなスケートで観客を引き込む ©Kiyoshi Sakamoto

©World Figure Skating /Shinshokan

Interview

ブノワ・リショー

芸術性だけで戦う大会を作りたい

1988年1月16日、フランス・アヴィニョン生まれ。コリオグラファー。現役時代はアイスダンサーとしてヨーロッパ選手権などに出場。坂本花織、高橋大輔、宮原知子らの競技プログラムを担当するなど振付師として活躍の場を広げ、現在はアメリカ、フランス、ベルギーで指導にあたる。

Benoît Richaud

ニナの躍進、アダムの成功

—— 今季のSP、フリーともに振付けているニナ・ピンザローネ選手のGPファイナル進出決定おめでとうございます。

リショー ありがとう。ですが、私は嘘をつけない人間だから正直に言うけど、今回の彼女の演技にはまったく満足していません。もちろんファイナルに行けるのはうれしいですが、それはまた別の話。目標としてはいい滑りをすることでしたから、練習からはほど遠い出来になってしまって残念です。ホームでは、美しい滑り、回転不足のないクリーンなジャンプを跳んでいたし、彼女は本来氷上でもっと自由になれるんです。たしかに練習してきた演技をそのままジャッジの前で披露できるかは、スケートをするうえでもっとも難しい部分。だからこそ、ファイナル決定はうれしくても、満足とはいかないところです。

—— いつも通りといかなかった要因はどんなことでしょうか。

リショー 今季が彼女にとっては初めてのグランプリシリーズで、彼女は17歳と若いですから。まだシニアで戦う術を知らないんです。彼女はすでにグランプリ2戦で表彰台に上がっているから、なかにはすぐに成功したと思う人もいるでしょうが、私に言わせれば彼女の才能はまだまだこんなものではありません。いいワインが成熟するのに時間を要するように、いまの彼女もまた洗練されていくための時間が要ります。ニナはとてもスマートな選手です。日々のレッスンからも、試合からも、学びを得るのがうまいんですよ。才能を持ったスケーターを指導する際に我々に求

められるのは、その才能が美しい花を咲かせるように正しい方向を指し示すこと。彼女はじきに大輪の花を咲かせると思いますよ。

—— 今季は振付を手がけるアダム・シャオイムファ選手も300点を突破する成功を見せています。

リショー アダムとは北京オリンピックの2年ほど前から一緒に仕事をしていて、これが4シーズン目になるかな。彼自身も信頼できる選手であり、信じられるだけのプロセスを歩んでこられていると思う。彼もまたテクニカルコーチをはじめ自分の周りにいる指導陣のことを信じていますし、いいエネルギーによって練習もいいものになっていくわけです。4、5年前にはまだ誰もいまのようなアダムを期待していませんでしたよね？ 300点を突破できるリーダーになれるなんて想像していなかった。これこそ美しい進歩です。アダムに感動するのは、彼の限界が見えないことなんだ。彼のポテンシャルは私から見ても底知れない。彼の成功のキーを挙げるとするなら、信頼、努力、それから革命が挙げられるだろう。ほかのスケーターとは一線を画す特別な存在でありたいという情熱を持っています。このことは、アダムとも密に話し合っていますが、いまのフィギュアスケート界に必要なことでもあります。

—— 新しい才能はどうやって見つけるのでしょうか。

リショー べつに探しているというわけではなくて、つながりを感じるかどうかといったところでしょうか。選手と話をしたときに、こちらから質問をしたり、向こうからも聞きたいことがあったりと、いい感触が得られるかどう

かだ。私はスケーターたちと長く過ごしているから、そういうコミュニケーションのなかで、人には見えないような彼らの未来を見ることができる。いま一緒にいるスケーターたちに対してもそうでしたね。

—— では、いい才能とは？

リショー 私にとってはですが、おしゃべりでないことですね。練習が好きで、フィギュアスケートへの情熱を持っていて、変わりたいと願っていること、誤りを認められること。これは素晴らしいスケーターを育てるうえで重要なことです。もちろん忘れてはいけないのが、ほんの少しの才能は必要ですが、成功を手繰りよせる要因において才能が占めるのはほんの数パーセントということです。

カオのエネルギーに感動した

—— 今季は日本の三浦佳生選手のSP「This Place Was a Shelter」も振付けています。三浦選手の印象は？

リショー カオのことは数シーズン前から見ていましたが、彼の本能的な部分が印象的でした。リンク全体を広く使うスピードに乗った滑りが板についていて、彼のエネルギーには感動する。一緒に仕事をしてみて、さらに面白いスケーターだと感じました。彼は自分自身が何をしたいかをすぐに理解できる選手だったので、私もすぐに彼のためにどんな仕事をすればいいかわかりました。一緒にプログラムを作ったのは1週間ほどでしたが、彼はいま成長の期間にありますから、まずはき

エキシビションにて、記念撮影にジャンプで応じるチャンピオンたち Photos ©Kiyoshi Sakamoto

「Apple」で魅了した
大会アンバサダーの田中刑事

大会レポーターを務め、
エキシビションにも登場
した本郷理華

「Paternera」を情熱的に舞った
大会アンバサダーの宮原知子

観客の投票による「ベスト・エキシビション・パフォーマンス賞」
を受賞し、観客に向けて挨拶をする宇野昌磨

カメラに向かってとびきりの
笑顔を見せる三原舞依

ちんと滑って、いいジャンプを跳ぶこと。でも、見る限りでは素晴らしい滑りをしていたので、私としてもとても満足しています。

── 選曲はどのように？

リショー まずは私がいくつか音楽をピックアップして、実際に氷上でいろんな曲をためしてみて、この曲がいいだろうということになりました。私がゴリ押ししたわけではないですよ。試してみて決めたんです。

── 大会アンバサダーの宮原知子さんにも現役時代に振付けていましたよね。

リショー サトコは芸術に身を捧げているんですよ。彼女のようなスケーターを守るためにも、芸術性だけで戦う大会を作りたいくらいです。そういう大会に出たいと思っているスケーターは多いと思う。いま男子は少しずつ個性が出てきていますが、女子はその点でちょっと苦戦している。もっとスケーターごとの個性が出てくれば、フィギュアスケートの人気も戻ってくるだろうね。そのためにもシステムを変えるというより、ショートとフリーのほかにアーティスティックプログラムを作るとか、スピンやトップジャンプの大会があってもいい。そうすれば、スケーターはテクニシャンにもアーティスティックスケーターにもなれる。ただ、キャリアを辞めることができなくなるかもしれないね。（笑）

── 今季、とくに男子選手の多くが、ジャンプと芸術性の融合に取り組んでいますが、どうすれば叶えられるものなのでしょうか。

リショー これは、スケーティングスキルです。まずは正しく滑ることができないといけない。真にスケーティングをマスターしてはじめて、ジャンプと芸術性を融合できるようになります。

── 現在はコーチとしても指導を？

リショー 振付師以上の仕事をしている選手もいます。アダムやブレイディ（・テネル）とは自然とそういう働き方になってきました。物事のマネジメントや決断もするし、計画や戦略も立てる。全部をフルパッケージにして行っています。でも、一部のスケーターに対してだけで、断る場合もあります。

── 指導体制はどのように？

リショー 私は1人で動いているわけではなくて、多くのコーチたちと連携して働いています。アメリカではジェレミー・アレンと、ニースではセドリック・トゥール、ロドルフィ・マルシャルと仕事をして、ベルギーではニナのコーチと連携して教えています。私は技術の専門家ではありませんから。技術のことはわかるにしても領域外です。スケーターが成功するには、ジャンプやコスチューム、振付やスピンにもそれぞれスペシャリストが必要です。だから、チームで働きたいと思っているし、いまは拠点を持たずに3つの場所で教えています。

── 今後もご活躍を楽しみにしています。ありがとうございました。

（2023年11月25日、NHK杯女子フリー後に取材）

取材・文：編集部　Text by World Figure Skating

女子1位　ルナ・ヘンドリックス（ベルギー）　Loena Hendrickx (BEL)　©Joluskating

男子1位　アダム・シャオイムファ（フランス）　Adam Siao Him Fa (FRA)　©Joluskating

ヨーロッパ選手権2024
歓喜に沸いたリトアニア

シャオイムファ、ヘンドリックス、ベッカリー＆グアリーゼ、そしてギナール＆ファッブリが優勝。
バルト海沿岸の小国リトアニアのカウナスで開催された2024年ヨーロッパ選手権は、さまざまな面で歴史的な大会となった。

文：タチアナ・フレイド　訳：編集部　Text by Tatjana Flade　Translation by World Figure Skating

ペア1位　ルクレツィア・ベッカリー＆マッテオ・グアリーゼ（イタリア）
Lucrezia Beccari and Matteo Guarise (ITA)　©Joluskating

アイスダンス1位　シャルレーヌ・ギナール＆マルコ・ファッブリ（イタリア）
Charlene Guignard and Marco Fabbri (ITA)　©Joluskating

歴史的な結果を残した
エキサイティングなヨーロッパ選手権

バスケットボールクラブの本拠地である近代的で巨大なザルギリオ・アリーナで、リトアニア初のISU選手権が開催された。余談だが、リトアニアではバスケットボールがもっとも人気のあるスポーツで、フィギュアスケートはマイナースポーツに過ぎないため、アリーナが満員になったのは嬉しい驚きだった。アイスダンスとエキシビションを筆頭に、全種目に多くの観客が集まった。主催者は、昨夏からソーシャルメディア、広告、テレビなどで大規模なキャンペーンを展開し、それらが功を奏して満員の観客が集まり、スケーターたちが喜ぶような素晴らしい雰囲気となった。この大会のモットーは「#wewantmore」であり、リトアニアで主要なフィギュアスケート大会が開催されるのはこれが最後ではないことを示唆している。

MEN
シャオイムファとバックフリップ

シャオイムファはタイトルを守り抜いたが、違反要素であるバックフリップをフリーで見せたことが大きな話題となった。連続ジャンプを4トウ+2トウに難度を下げ、4ルッツで手をついたものの、SPで首位。フリーでは4回転トウで転倒したが、2点減となることを知りながらバックフリップに挑んだ。

「減点されることはわかっていたけど、このスポーツを進化させ、あの技を取り戻したかったんだ。それほど危険なものではないんだ。そう見えるだけで、実際にやるよりも見ているほうが怖い。将来的には、より多くのスケーターが新しいエレメンツに挑戦すると思う。今日

競技では禁止されているバックフリップを跳んだアダム・シャオイムファ　Adam Siao Him Fa (FRA) ©Tatjana Flade

の午後の練習の後、バックフリップを追加しようと思ったけど、100%の自信はなかった。1位になりたかったから、演技の方が重要だった。でも演技本番の最後のジャンプのあと、やろうと決めたんだ」。

エストニアのアレクサンドル・セレフコの銀メダルは、最大のサプライズの1つだった。セレフコは2019年と2020年にヨーロッパ選手権に出場し、17位と16位だった。ここ数年は弟ミハイルやアレット・レバンディらがヨーロッパ選手権に出場していたが、今回は彼が輝くタイミングだった。SPでは4回転トウを含んだモダン・エジプシャン・ダンス・ミュージックを披露し、「アド・マルテム」でのフリーは力強く、4回転だけでなく、3回転ジャンプもすべて決めた。ミスらしいミスは2本目の3アクセルがダブルになったことだけだった。セレフコはSPとフリーともに3位だったが、総合では2位となり、エストニア初のヨーロッパ選手権のメダルを獲得した。

「ぼくにとって、このヨーロッパ選手権はとても重要なものだった。この結果は予想していなかったし、今後さらにいい結果を出したい」と意気込んだ。「シーズン当初、ヨーロッパ選手権でいい滑りをすることを目標にしていて、それを達成できたと思う。大きな大会でメダルを獲得できたことは、とても光栄なこと。今はただとても幸せ」。さらに、昨年夏に日本で行われたショー「ファンタジー・オン・アイス」に出演したことが飛躍につながったと語った。「素晴らしい経験だったし、このような機会を与えてくれたことに感謝している。今こうして結果を出せているのも、そのおかげです」。

マッテオ・リッツォは臀部を怪我しながらもカウナスにやってきた。大会後すぐに手術を受ける予定だが、彼はメダルを獲るためにヨーロッパ選手権出場を望み、それは成功した。SPでは4回転でミスがあったが、フリーでは3アクセルのミスのみで、3位になった。

同じくイタリアのガブリエレ・フランジパーニは惜しくも表彰台を逃した。フリーでジャンプの1つがカウントされな

男子2位　アレクサンドル・セレフコ（エストニア）
Aleksandr Selevko (EST) ©Joluskating

かったことが結果に響いた。スイスのルーカス・ブリッチギーは、NHK杯での銅メダルと今シーズンの好調ぶりを受けて、メダル候補の1人に挙げられていた。前回銅メダリストの彼は、SPは好調で2位につけていたが、フリーでは4回転のミスをはじめ、いくつかのミスがあり失速した（5位）。ケヴィン・エイモズはさらに悪い結果だった。観客からの人気が高い彼は、SPですべてのジャンプでミスをし、31位に終わった。その直後、彼とフランス連盟は、休養を取り、精神的なケアをすると発表した。

WOMEN
ヘンドリックス、悲願の金メダル

1年前、ヘンドリックスはヨーロッパ選手権の優勝候補の筆頭に挙げられていたが、銀メダルに終わっていた。今回、このベルギーのスターは自信を取り戻し、2つの力強い演技を披露してタイトルを掴んだ。ベルギーのシングル選手としては初の快挙であり、ベルギーにとっては1947年のペア以来となるヨーロッパ選手権での金メダルだ。SPでは1度だけわずかにジャンプの回転不足（q）があったが、それ以上に重要なのは、彼女がアップビートでダイナミックなディスコスタイルのプログラムを見事に演じたことだ。「この大会のために一生懸命がんばってきたし、これ以上何もできないこともわかっているから、楽

女子シングルでベルギーの2人が表彰台に上がった
Loena Hendrickx (BEL) and Nina Pinzarrone (BEL) ©Tatjana Flade

しみたかった。完璧ではなかったけど、最高の気分。SPを終えていい位置にいたのはわかっていたけど、今日もできることをすべてやるしかなかったし、演技を最初からやるだけだった。兄や振付師、理学療法士みんなと私はすごく仲がいいんです。この瞬間のためにがんばったんだから、ものにするんだ、と言ってくれて、そのおかげでプログラムを乗り切ることができたし、スケートを楽しむことができました」。

前回女王のアナスタシア・グバノワは、シーズン序盤の2大会は表彰台を逃したが、カウナスでの彼女は違った。ただ、2つのqとスピンでのレベルの取りこぼしで数点を失った。今回、コーチは帯同していない。通常のビザで直接入国できず、EU加盟国を経由する必要があったため、リトアニアに入国する際の審査が通らなかったのだ。しかしグバノワは、ロシア出身でフィンランド代表の元スケーター、そして婚約者のロマン・ガライと大会を乗り切った。

今季のグランプリ2大会で銀メダルと銅メダルを獲得した新鋭ニナ・ピンザローネは銅メダルを獲得した。演技はまとめたが、フリーで4つのジャンプ

がわずかに回転不足（q）と判定されたため、2位から3位になった。「最も重要だったのは、自分自身を信じること。でも、自分の滑りに満足しています」とNHK杯銅メダリストは報道陣に語った。

もちろん、これはベルギーのフィギュアスケート界にとって大きな快挙だ。「ベルギーは小さな国で、設備も整っていないにもかかわらず、このような結果を残せたのは素晴らしいこと。ベルギー代表にとって簡単なことではありませんが、私たちは戦い、覚悟を決め、努力しなければなりません」とピンザローネは言った。

ヘンドリックスも同意見だ。「私たち2人とも、（成功できた理由は）よくわからない。私たちにはホームリンクがないし、スケートをするためには国内を移動しなければならないんです。私はオランダに行って練習することもあります。私たちがいてベルギーはとてもラッキーだと思うし、将来的にはもっと多くの施設やアイスリンクに投資してくれることを期待しています」。

リヴィア・カイザーは、スイス女子がヨーロッパにおいて侮れない存在であることを示した。彼女は会心の出来のプログラムを揃えて4位に入り、同じくスイス代表で前回銅メダリストのキミー・リポンドは7位となった。リポンドは怪我を乗り越えたが、まだ完全には回復していない。フランスのロリーヌ・シルドは非常に安定感のあるスケー

ターで、フランス女子としては2019年のロリーヌ・ルカヴァリエ以来の5位という成績を収めた。

ベッカリー＆グアリーゼがペアで優勝

イタリアのベッカリー＆グアリーゼ組が金メダルを獲得した。グアリーゼにとっては、10回目の出場となるヨーロッパ選手権で初の金メダルである。35歳の彼が19歳のベッカリーとペアを組んだのは、前パートナーのデッラ・モニカが引退した2022年のこと。ベッカリーはシングル選手で、ペアの経験はほんどなかった。それでもこのチームは急速に成長し、GPシリーズでは2つのメダルを獲得。今大会ではまだ優勝候補ではなかったが、2つのプログラムを揃えて優勝した。とくに「キャッツ」のフリーは観客を盛り上げた。「ヨーロッパ選手権は2度目で、メダルを獲得したのはこれが初めて。マッテオと一緒にこの大会に参加できてとてもうれしい」とベッカリーはコメントした。グアリーゼは「（今シーズンは）最初は3位、次に2位、そして1位と、3段階飛躍しました。ここに来る前は、賭けるとしたらメダルではなく、クリーンなプログラムに賭けるつもりでした」と話した。

ジョージア代表のメテルキナ＆ベルラワは、結成からまだ1年も経っていないが、ジュニアGPファイナルで優勝し、メダル候補となった。SPで首位に立ったが、メテルキナが3回転サルコウを失敗したため2位に後退。だがとくにスロウジャンプが印象的だった。2人はジョージアのペアとして初のヨーロッパ選手権のメダルを獲得した。「私にとっていちばんの目標はクリーンに滑ることでしたが、残念ながら今日はそれができませんでした」とメテルキナは言った。「サルコウで転倒してしまい、優勝できるとは思っていなかった。大事な大会だし、私たちにとって初めてのシーズンなのに、残念です」。ベルラワも「今日はすべてがうまくいったわけではなかったけど、やはりスポーツなのでいろいろなことが起こる。銀メダルもメダルだし、うれしいよ。このような大きな大会では、肉体的なことよりも精神的にどれだけ準備ができているかが重要なんだと思う」。

2年連続のメダルを獲得した唯一の

女子3位　ニナ・ピンザローネ（ベルギー）
Nina Pinzarrone (BEL) ©Joluskating

ペア2位　アナスタシア・メテルキナ＆ルカ・ベルラワ（ジョージア）
Anastasiia Metelkina and Luka Berulava (GEO) ©Joluskating

ペアは、前回大会の銀メダリスト、イタリアのギラルディ＆アンブロジーニ。今回はSP5位からのスタートで銅メダルを獲得した。サイドバイサイドには苦手意識があるというが、SPで2アクセルを決めた。表現力豊かな「ドラキュラ」のフリーでは、3サルコウを降り、リフトなどの要素で多くの点を獲得した。

ハンガリーのパヴロワ＆スヴィアチェンコは4位（フリー3位）だったが、その得点にがっかりした様子だった。実際、このペアは要素を確実にこなし、大きなミスはなかったが、演技構成点で遅れをとってしまった。GPシリーズで3勝を挙げたハーゼ＆ボロジン（ドイツ）は、金メダルの最有力候補だったが、5位に終わった。SPでは2位につけていたが、スローループでの転倒とリフトの抜けで大幅に点数を落とした。

ICE DANCE
ギナール＆ファッブリの2年連続金メダル

ギナール＆ファッブリは、ヨーロッパ最高のアイスダンサーとしての地位を確立させる演技を見せた。彼らは楽しいリズムダンスと美しいフリーダンスで、無償の愛の物語を描いた。昨季の世界選手権銀メダリストの2人は、氷上でのフローと、難しいステップやリフトを難なくこなす技術で、他とは一線を画していた。この2つ目のタイトルは、ギナール＆ファブッリにとって大きな意味を持つ。

「昨年は優勝候補としてプレッシャーを感じていたし、目標を達成したかったけど、今年はそういうストレスはなかった。でも今日は少しハードだったね。疲れていたからか、時間が遅かったからか、無意識のうちにプレッシャーを感じてしまったのかもしれない。だから、スーパークリーンなパフォーマンスではなかったと思う。でも、昨年に比べれば、より多くの感情がある。とくに観客は信じられないほど素晴らしかった。リトアニアなのだから、リトアニアのカップルを応援するのは当然のことだけど、私たちが受けた応援は最高のもの

だった」と彼は続けた。

35歳のファッブリは、男性として史上最年長のヨーロッパ・アイスダンス・チャンピオンとなり、クリストファー・ディーンの持つ記録を更新した。

NHK杯でギナール＆ファッブリを破ったフィアー＆ギブソンは、当然金メダルを望んでいた。「スウィート・ドリームス」のリズムダンス、そして「ロッキーのテーマ」のフリーダンスで観客を楽しませたが、演技のなかでわずかによろけるシーンがあり、2年連続2位となった。「前回は本当に大きな自信をもらえました。ヨーロッパ選手権で初めてのメダルだったし、あの結果を残せただけで、自分たちの大きな自信になった」とフィアーは語った。「そして今年はもっと上を目指していました。シーズン中、自分たちをプッシュするのは、ひたすら練習を積み重ねていくこと。そして、今大会で銀メダルに輝けたことは名誉であり、戦い、追い求めていくことにとても興奮していました。そして今日、私たちは力の限り戦ったし、自分たちの演技を本当に誇らしく思っています」。

1月13日、開催国リトアニア代表のリード＆アンブルレヴィチウスが氷に足を踏み入れたとき、観客は熱狂した。あまりの歓声に、音楽はほとんど聞こえないくらいだった。アリーナに集まった11,000人の観客はメダルを期待していただけに、彼らの感じるプレッシャーも大きかっただろうが、2人はその期待

リトアニアに2006年以来となるメダルをもたらしたリード＆アンブルレヴィチウス
Allison Reed and Saulius Ambrulevicius (LTU) ©Tatjana Flade

に応えて銅メダルに輝いた。リトアニアにとっては、2006年にドロビアツコ＆ヴァナガスが銅メダルを獲得して以来の快挙だ。

1月13日はリトアニアにとって重要な日である。1990年3月に独立を宣言したこの国を再び統治下に置こうとしたソビエト連邦の目論見を回避したのが、1991年のこの日だからだ。リトアニアでは1月13日は「自由を守る者の日」と呼ばれている。

「記念すべき日である今日、ぼくたちのパフォーマンスは特別なものだった。リトアニアはあの日、自由のために戦った。そして、ぼくたちのスポーツを世に送り出し、みんなを祝福するために、再び国のために戦っているように感じたよ。そして、ぼくたちはすべての瞬間を楽しめたし、みんなにも楽しんでもらえたと思う」とアンブルレヴィチウスは語った。

4位のロパレワ＆ブリッソーと5位のドゥモジョ＆ル・メルシェの2組のフランス代表は善戦した。2023年銅メダリストのトゥルッキラ＆ヴェルスルイスは6位。これまで問題なくこなしていたコレオステップシークエンスの小さなリフトで減点があり、入賞を逃した。　■

アイスダンス2位　ライラ・フィアー＆ルイス・ギブソン（イギリス）
Lilah Fear and Lewis Gibson (GBR) ©Joluskating

アイスダンス3位　アリソン・リード＆サウリウス・アンブルレヴィチウス（リトアニア）
Allison Reed and Saulius Ambrulevicius (LTU) ©Joluskating

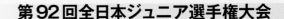

涙の先の3連覇

第92回全日本ジュニア選手権が11月17〜19日、
滋賀県大津市の木下カンセーアイスアリーナ
（滋賀県立アイスアリーナ）で開催。
島田麻央がノービス時代の2021年から続く3連覇を達成し、
中村俊介が7度目の挑戦で初タイトルを奪取した。

文：編集部　Text by World Figure Skating

SP4位から逆転で3連覇を達成した島田麻央（木下アカデミー）　©Manabu Takahashi

代表選考の緊張と戦った島田麻央

女子は、2連覇中の島田麻央がSP4位スタートとなる波乱の幕開けとなった。SP「Americano」では、3フリップ＋3トウのフリップでステップアウトして3トウをつけられず、そのまま後半はやや勢いを失ってSP63.34点。「すごく演技の前に緊張してしまって、最初のア

クセルでいつもと違うなと思った。フリップで失敗することは練習でもなかったので、すごく落ち込んでしまって、表現力もいつもよりできなかった」と語る島田の瞳からは、悔しさに涙があふれた。今大会は、2月に韓国で行われるユースオリンピック代表の選考も兼ねており、今季の目標を同大会出場に置く島田にとってこれまでにない緊張につな

がった。「ユースオリンピックも決まる試合なので、代表に選ばれたいという緊張だと思います」。

翌日、緊張と向き合いながら大技に挑むフリー「Benedictus」。神様への祈りをテーマにローリー・ニコルが振付けたプログラムだ。冒頭の3アクセルは完璧に成功。続く4トウはダウングレードで転倒したが、前日とは違う勢いを

女子2位の櫛田育良（木下アカデミー）　©Manabu Takahashi

女子3位の上薗恋奈（LYS）©Manabu Takahashi

失うことはなかった。その後も3ルッツ＋3トウ、3サルコウ＋3トウ＋2トウなど得点源をしっかりと積み上げて滑り切った。「昨日は自分の練習を信じられなかったので、今日は信じようと思ってやりました」と、納得の表情を浮かべ、フリー137.99点、合計201.33点を獲得。悔し涙を乗り越えて優勝し、世界ジュニア選手権と、目標のユースオリンピック代表の座を射止めた。3連覇は、荒川静香、安藤美姫に続く3人目となり、偉大な世界女王たちに肩を並べた。

SP1位の櫛田育良は、フリー「The Little Prince」でもすべてのジャンプを着氷する安定感を見せた。星の王子さまを見つめるバラの花を愛らしく演じ切ると、最後はにこりと観客に微笑んだ。合計190.12点で2位。「とても不思議な感覚でまだ実感が湧いてこないんですけど、とてもうれしかった」と初メダルを喜んだ。

3位は、ジュニアGPファイナル進出を決めている13歳の上薗恋奈。3ルッツの転倒でSP6位発進となったが、フリーをまとめて表彰台に上がった。SP3位の髙木謠はフリーでもガッツポーズの出る好演を続けて4位。ジュニアGPでの活躍とあわせてユースオリンピック代表に選出された。5位、6位、7位には、島田、櫛田とともに木下アカデミーで濱田美栄に師事する柴山歩、村上遥奈、河野莉々愛が続いた。河野は全日本ノービスAで2位となった推薦出場選手で、ポテンシャルを示す大健闘。8位に横井きな結が入った。

いっぽうで苦しい戦いとなったのは、世界ジュニア銅メダリストの中井亜美だった。ジュニアGP後に腰を痛め、練習ができないまま迎えた今大会は10位。「不安が演技に出てしまった」と、ミスが重なり大粒の涙が頬を伝った。

中村俊介、有言実行の初優勝

男子では、高校3年生の中村俊介が初優勝を飾った。SPはジャンプをすべて降りて76.81点で首位発進。翌日のフリーで、冒頭の4トウを決めて勝利を手繰り寄せると、その後はジャンプにミスが出たものの、合計212.42点で逃げ切った。ジュニアシーンでの常勝を掲げて臨んだ今季、ジュニアGP初戦の大阪大会でSP2位から総合8位となる悔しさを味わった。「コーチとも一から考え直して、周りの人に支えてもらった。失敗しても気持ちを切り替えられたのでいい経験になった」。立て直して臨んだ2戦目のアルメニア大会で2位となっ

昨季3位の中井亜美（TOKIOインカラミ）は怪我の影響で10位
©Manabu Takahashi

7度目の挑戦で初優勝した中村俊介（木下アカデミー）©Manabu Takahashi

男子2位の中田璃士（TOKIOインカラミ）©Manabu Takahashi

男子3位の周藤集（ID学園高等学校）©Manabu Takahashi

男子4位の垣内珀琉（ひょうご西宮FSC）
©Manabu Takahashi

て、新たな自信もつけたといい、今大会へ照準を合わせてきた中村。目標達成の勝利に、「目指してきたところなのですごくうれしい。がんばってきてよかった」と、喜びと安堵の笑みが浮かんだ。

ジュニアGPファイナル進出を決めている中学3年生の中田璃士が、2位で初の表彰台に上がった。SP5位から、4トウ、3アクセル＋3トウを決めてフリーだけならトップになる猛追を見せ、合計205.76点。「まだファイナル、全日本選手権があるので、そこでも同じような演技ができるようにたくさん練習します」と気合を入れ直し、ユースオリンピック代表にも名を連ねた。

3位の周藤集は合計201.12点を獲得して、SP2位から表彰台を守り、高校2年生で初メダル。フリーで4トウに挑んだ垣内珀琉が攻めの演技で4位に入り、ユースオリンピック代表に選出された。SP8位から追い上げた西野太翔が5位。6位は安藤美姫に師事する田内誠悟、7位は昨季のSP落ちからジャンプアップした蛯原大弥、8位は高橋星名だった。男女シングルから、ノービスの河野を除く上位8名ずつが全日本選手権へ推薦され出場権を得た。

アイスダンスはジュニアGPポーランド大会で銅メダルを獲得した岸本彩良＆田村篤彦組が初優勝。出場1組のペアは、今季結成したばかりの清水咲衣＆本田ルーカス剛史組が優勝した。■

男子7位　蛯原大弥（明治神宮外苑FSC）

男子5位　西野太翔（神奈川FSC）

女子4位　髙木謠（東京女子学院）

男子17位　岡崎隼士
（蒼明学院中等部）

男子8位　髙橋星名
（木下アカデミー）

ペア1位　清水咲衣＆本田ルーカス剛史（木下アカデミー）

女子7位　河野莉々愛（木下アカデミー）

女子6位　村上遥奈（木下アカデミー）

アイスダンス1位　岸本彩良（中京大中京高校）＆田村篤彦（西武東伏見FSC）

女子12位　金沢純禾
（木下アカデミー）

女子8位　横井きな結（中京大学）

男子6位　田内誠悟（富士FC）

女子5位　柴山歩（木下アカデミー）

Photos ©Manabu Takahashi

Costume World
コスチューム・ワールド

第3回 折原志津子

豊富なものづくりの経験を活かし
フィギュアスケートの衣装に繊細な技法をのせ
これまでにも増して今シーズン
ひっぱりだこの折原志津子さん。
さまざまな衣装の製作秘話と、
スケーターの母親という立場から発案された
取り組みについて伺いました。

文：編集部　Texts by World Figure Skating

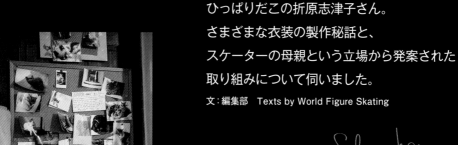

棚にずらりと並べられたビーズ
Photos ©World Figure Skating/
Shinshokan

アトリエの壁のボードには
猫の写真や海外からの
メッセージカードが

壁にはたくさんのリボンが掛けられている

Shizuko Orihara

折原志津子
東京藝術大学工芸科卒業後、ドイツの美術専門大学に留学。その後フリーランスでニット、アパレル、クラフト、料理などの仕事を経験。娘・裕香に作った衣装が話題になり、2007年にMu-costume designを立ち上げる。トップスケーターからノービスの選手まで幅広く衣装を手掛けるほか、衣装レンタルや講習会なども積極的に行っている。

裕香のために作った練習着の数々
©Shizuko Orihara

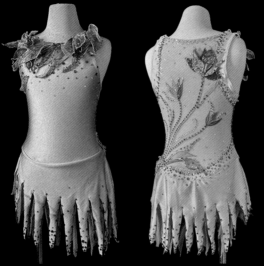
初めて製作した試合用の衣装。「くるみ割り人形」より「中国の踊り」©Shizuko Orihara

野辺山合宿で他のクラブのコーチの目に留まった衣装を着て演技をする裕香さん
（写真はルースターカップでの演技）photo by courtesy of Shizuko Orihara

始まりは「どうせ作るなら かわいいのがいいよね」

　東京藝術大学の工芸科を卒業し、元々ニットの製作などの仕事に従事していた折原志津子さん。娘・裕香さん（現アイスダンスのフィンランド代表）の衣装を作り始めたことをきっかけに、多くの選手の衣装を手掛けるようになったといいます。

――　娘の裕香さんがフィギュアスケートを習う前から、元々この競技がお好きだったのですか。

折原　伊藤みどりさんが活躍されていた頃からテレビでは見てました。小さい頃はドイツに住んでいたので、渡部絵美さんが出ていた世界選手権を観に連れていってもらったりもしました。でも別に娘にスケートをさせたいと思っていたわけでもなく、いつもくるくる踊っていたので、「バレエかスケートかやってみる？」と言ったら、「スケートがいい」と言うので、日曜日のクラスに連れて行ったんです。手を持とうとすると「いい！」みたいに言われてけっこう滑れていたので、じゃあやらせてもいいかなと思って。

――　練習着もかわいく作ってあげたそうですね。

折原　最初の頃はジャージを作って、「上手くならないとひらひらのスカートは履けません！」みたいなことを言っていました。先生にレッスンをつけてもらうようになったら作ってあげようかなと思って、どうせ作るならかわいいのがい

るし、楽しい。そうしたら一緒にやっている女の子たちも「ほしい」というので、それも作って。

――　最初に作った試合用の衣装はどんなものでしたか。

折原　娘は（浅田）真央ちゃんの影響で「くるみ割り人形」の「花のワルツ」がいいと言ったのですが、最初のプログラムは1分だったので、「『花のワルツ』は1分にはできない」と先生に言われて、「中国の踊り」になりました。でも全然中国風の衣装は作っていないです。（笑）当時（カロリーナ・）コストナーさんが着ていた紫色の衣装がかわいくて、それを参考にして作りました。先生から色の指定があったらその色で作っていましたけど、基本的に娘にも先生にも相談せずに自由に作っていましたね。

転機となった野辺山合宿

――　トップスケーターの衣装を手掛けるようになったのはいつ頃からなのでしょうか。

折原　まず柴田嶺くんや今井遥ちゃんの衣装を、娘の先生と彼らの先生のつながりから頼まれるようになりました。その頃はまだ私もそんなに知識がなくて、スワロフスキーも1着作るのに100粒あれば大丈夫だと思っていたりしたんです。でも100粒ってあっという間になくなるんですよ。いまはもうかなりいろいろな素材が揃っていますけど、その当時は必要なものをその都度買っていたか

たので、そこは妥協できませんでした。そのうち娘が野辺山合宿（ノービスの全国有望新人発掘合宿）に行くことになると、娘の衣装を見た邦和のリンク（現：邦和みなとスポーツ＆カルチャー）の先生方が「かわいい！」と言ってくださり、それから邦和の子の衣装も作るようになって、鈴木明子さんの衣装の話も出てきました。最初に作った鈴木さんの衣装は「こうもり」のピンクの衣装です。鈴木明子さんの「O」や「オペラ座の怪人」、柴田嶺くんの「火の鳥」は特に印象深いですが、娘の衣装やいろんな方の衣装もそれぞれ思い出があります。

――　いまは本当に多くの選手の衣装を作られていますが、年間どれくらい製作されているのですか。

折原　今季は数えたら100枚くらいありました。小さい子のも全部入れてですけど。3日に1枚作っていることになるけどなんでそれが回っているかもわからない（笑）いまは基本的に3人で製作をしています。

――　今季は大島光翔選手の「マリオ」の衣装も話題になりましたが、これも折原さんの製作ですね。

折原　最初曲を聴いたときに「前半はクッパのラブソングで、後半はマリオになってるし！　衣装はどうするの、これ！」と言っていたんです。きのこの部分は最初磁石でくっついていたのですが、その強度がけっこう強くて演技中に外すのが大変だということで、今度は弱いものにしたのですが、そうすると回転

鈴木明子「こうもり」©Japan Sports

山本草太「エクソジェネシス交響曲 第3番」（2023年全日本選手権）©Yazuka Wada

大島光翔のSP「スーパーマリオブラザーズ」
（2023年全日本選手権）©Yazuka Wada

めに小さめに付けたらやっぱり取れちゃって、その調整も大変でした。最後に胸元の襟を開いてインナーを見せる振付ですが、インナーについているMのマークはブロック大会と東日本選手権で見せちゃっていたんです。ああいうのは何が出てくるかわからないからこそ楽しいものだから、「一度衣装をアトリエに戻してほしい」って私のほうからお願いして、全日本選手権の前にKのマークに変えました。この衣装は手直しのために私と大島選手の間を4往復ぐらいしています。

—— 本田真凜選手の「リトル・マーメイド」の衣装は、胸元の貝殻のモチーフやストーンで泡を表現した装飾が素敵でした。

折原　最初ご本人からはサテンの衣装の写真がイメージとして送られてきたので、サテンとジョーゼットと素材違いで

島田高志郎「死の舞踏」、本田真凜「リトル・マーメイド」の衣装デザイン画 ©Shizuko Orihara

2枚作ったんです。本人に選んでもらおうと思って。すごく迷ってらっしゃいましたけど、最終的にジョーゼットのほうになりました。

—— 山本草太選手の衣装はショートとフリーどちらも手掛けられていますね。

折原　ショートの衣装は特にすごく試行錯誤しながらでした。でも最終的に草太くんが「全部折原さんにお任せしたい」と言ってくれて、完成しました。

—— 島田高志郎選手の「死の舞踏」は茨のような装飾が素敵でした。

折原　今季はアイスダンスの岸本彩良＆田村篤彦組の「Mr.Roboto」の衣装も作っているのですが、それにコードみたいな装飾をつけたんです。「こういうのも面白いな」と思って、「魔王みたいにしたい」という島田くんの衣装に応用しました。あれはずいぶん昔に買ってあった生地がすごくぴったりイメージに合ったんですよ。

—— 生地や装飾の調達は普段どのようにされているのですか。

折原　特定の衣装のために探しに行く時間もないので、いいと思ったものはもうひたすらどんどん買っていっています。ネットで買うこともあるし、韓国に買いに行ったりもします。韓国がいちばんいろんな生地があるんですよね。どんどん膨れていって、アトリエのあらゆるところに詰め込んでいます。

—— 櫛田育良選手の「The Little Prince」の薔薇を模したドレスもとてもか

わいらしかったです。

折原　あれは振付のケイトリン（・ウィーバー）から全身が薔薇を着ているみたいな衣装の画像が送られてきたんです。ボリュームをつけて花びらみたいにしたいけど、跳ぶときに邪魔になったり、重くなってはいけないので、オーガンジーとかジョーゼットなどの軽い素材を選びました。石もけっこうつけたんですけど、あの衣装は本当に軽いんです。櫛田選手は普段はしゃべるとかわいいんですけど、衣装を着てお化粧をすると別人のように大人っぽいですよね。髪型も自分で決めたと聞きましたし、美意識を持っている選手なんだなあと。

—— 裕香さんとユホ・ピリネンさんがショーで着られていた「Catch Me If You Can」のような原作のあるプログラムの場合、作中の衣装はどの程度参考にされていますか。

折原　あれは最初にポスターのようなものがポーンと送られてきて、その衣装は薄い水色だったんです。でももっと明るい色のほうがショー映えするなと思って、勝手にその色にしました。形もテーラードみたいな感じだったのですが、いろんなCAの制服を見て、「かわいい、かわいい」って言いながら、いちばんかわいい形のものを参考にしました。帽子を作るのは夫にお願いしたんですよ。けっこう自分の帽子とかを作っていたので。原作のあるプログラムの場合は、元の作品は一通りは見ます。イメージは

櫛田育良「The Little Prince」（2023年全日本ジュニア選手権）
©Manabu Takahashi

岸本彩良＆田村篤彦「Mr.Roboto」©Shizuko Orihara

折原裕香＆ユホ・ピリネン「メリー・ポピンズ」
©Shizuko Orihara

崩さないように考えますけど、そのままということはないかな。でも「オペラ座の怪人」とかになると、「原作に寄せたい」と言う方も多いです。

—— 折原さんはアイスダンスの衣装も数多く手掛けていらっしゃいますよね。

折原　アイスダンスはスカートの形が大事ですね。回転したときやなびく感じがきれいでないと。それとデザインは2人セットで描きます。あとは男の子の肩に女の子が乗ったりする場合があるじゃないですか。肩に石があったりすると、男女両方がけっこう痛いんです。なので、「どういうリフトがあるの？」と聞いたりします。

—— 以前はニットを作る会社にお勤めだったそうですが、その経験が生きていると感じることはありますか。

折原　「カルメン」や「ドン・キホーテ」の袖の部分は、ちょうどいいネットが売っていなかったときに編んだりしています。房状のタッセルなども自分で編んだり、娘の「メリー・ポピンズ」の衣装も、袖についているレースを自分でかぎ針で編みました。

サプライズ感を大事に

—— たくさんの衣装を製作されているなかで、いちばん大事にされていることはどんなことでしょうか。

折原　衣装が送られてきた時に、選手が「わあ！」って言ってくださるような感じです。本人たちの予想を超えたものを出すこと。

—— 折原さんの衣装は、いままでにないようなデザインがたくさんありますよね！それに、お仕事をとても楽しんでいらっしゃる雰囲気がお話から伝わってきます。

折原　楽しいです。ご飯を食べるとき以外はほぼずっと製作をやっているけど、作るのはやっぱり好きなので。だから休みをとったとしても、家にいる限りは何かを作っていると思います。

—— 製作だけでなく、レンタル衣装や講習会などもされていますよね。

折原　やっぱり衣装って高いものじゃないですか。1回のテストスケートのためだけにとか、フリーに進める確率は低いけど2着用意しておかなきゃいけないとか、そういうときにこういうプランがあると、無理に作る必要がなくなります。正直、我が家も娘にけっこうお金はかかっています。大きくなっていくと衣装を作るお金はどんどん高くなっていくので、小さいうちぐらい自分で作ってみたい方もいっぱいいると思います。自分もこれまでいろいろ助けられてきたので、そういうお手伝いができればなと。あとは衣装を下取りに出して、それを資金源にしてもらうとか。追いおいそういうのもアリかなと、いろいろ考えてはいます。

—— フィギュアスケートの衣装製作以外にやってみたい分野はありますか。

折原　最近、大学4年生のスケーターが引退のシーズンに着る最後の1枚というオーダーをいただくことが多いんですけど、「それを結婚式に飾りたい」と言ってくれた子がいたんです。「思い出に飾るなら、お色直しのドレスに変えない？」って提案したいですね。誰かウエディングドレスへのリメイクを頼んでくれないかなと思っています。あと、私は若い頃は料理の仕事もやっていたので、将来は自宅の前に直売所を置いて、ねこパンを焼いて売ろうかなと思って。それで、衣装も月に1枚くらいは手伝うみたいな。（笑）

—— 素敵な夢です！　これからも折原さんのご活躍を楽しみにしています。ありがとうございました。

折原裕香＆ユホ・ピリネン「Catch Me If You Can」©Shizuko Orihara

プログラム・ストーリー 特別編
スケーターに愛される名曲たち

村上佳菜子「オペラ座の怪人」(2014-2015SP) ©Japan Sports

　村上佳菜子さんが司会を務め、スペシャル・ゲストに高橋大輔さんが登場する「村上佳菜子のフィギュアスケート音楽会」(3月16、17日/東京文化会館)。このコンサートで上演されるプログラムのなかから、注目の楽曲をご紹介します。

「白鳥の湖」
　もっとも有名なバレエ音楽といえば、「白鳥の湖」。チャイコフスキーが生んだ美しい旋律を知らない人はいないだろう。悪魔の呪いで白鳥の姿にされたオデット姫と王子ジークフリートの悲恋物語。悪魔の娘オディールに惑わされ、王子はオデットへの永遠の愛の誓いを破ってしまう——。フィギュアスケートでもしばしば取り上げられ、羽生結弦、浅田真央、荒川静香、安藤美姫、ザギトワ、バイウル……名プログラムは枚挙に暇がない。
　高橋大輔のSPは「白鳥の湖」の有名な旋律をヒップホップアレンジで踊り、世界に衝撃を与えた。いっぽう村上佳菜子のフリーはあえてオデットの有名な旋律は使わず、第1幕で王子の友人たちが踊るパ・ド・トロワの曲を中心に、第3幕の王子とオディールのグラン・パ・ド・ドゥのコーダで締めくくるという選曲が新鮮だった。

「トゥーランドット」
　2006年、荒川静香に金メダルをもたらしたフリーの音楽としてその名を馳せた「トゥーランドット」。「トスカ」「蝶々夫人」などで知られるオペラ作曲家プッチーニの遺作だ。舞台は中国。美しきトゥーランドット姫に求婚する男は、彼女の出題する3つの謎を解かなければならない。しかし、解けないと男の首は刎ねられることに。ダッタン国のカラフ王子は見事その謎を解き明かしてみせる。それでも姫は王子との結婚に難色を示すが、カラフは自分の名を夜明けまでに当ててみせれば、結婚を諦めて命を捧げようと申し出る。そこで歌われるアリアが「誰も寝てはならぬ」。甘美な歌声に魅せられたスケーターは多く、平昌オリンピック銀メダルの宇野昌磨のフリー、ステファン・ランビエルのショーナンバーなどが思い出される。

「オペラ座の怪人」
　パリ・オペラ座の地下深くに棲む怪人と、若く美しい歌姫クリスティーヌとの、悲しくも不思議な愛を描いた大ヒットミュージカル。「シンク・オブ・ミー」「エンジェル・オブ・ミュージック」はじめ、心ときめかす名曲ぞろい。フィギュアスケートの世界でも人気曲だが、村上佳菜子は2014-15シーズンに、SPでは「シンク・オブ・ミー」を用いてクリスティーヌを、フリーでは終幕の音楽などを用いて怪人を、2つのキャラクターを演じきって大きな話題となった。高橋大輔はシングル時代と村元哉中とのフリーダンス、2つのドラマティックな名プログラムが印象深い。

ラフマニノフ「ピアノ協奏曲第2番」
　ロシア・ロマン派音楽を代表する作曲家セルゲイ・ラフマニノフ。なかでも「ピアノ協奏曲第2番」(1897)はラフマニノフの名を有名にした出世作。自身が優れたピアニストであったためか、きわめて高度な演奏技巧が要求され、第1楽章冒頭の和音の連打部分ではピアニストは一度に10度の間隔に手を広げなくてはならない。浅田真央がソチオリンピックのフリーで見せたフィギュア史に残る伝説の名演も、高橋大輔が2005年の全日本を制した勇壮なプログラムもこのラフマニノフの美しいピアノ協奏曲だった。

ショパン「バラード第1番」
　ピアノの詩人と呼ばれるフレデリック・ショパンの若き日の傑作。祖国ポーランドの愛国的な詩に触発されたとも言われる。10分を超える長さで、感情の高まり、心の揺れが繊細に捉えられたその調べは聴く者の魂を引きつけてやまない。
　フィギュアスケートでは、羽生結弦の代表作のひとつともなったSPでの、音楽そのものと化したかのような華麗なパフォーマンスがなんといっても心に残る。浅田真央がエキシビションで見せた美しい滑りも出色だった。

「道」
　「道」と言えば、高橋大輔がバンクーバー・オリンピックで披露した、心揺さぶる名プログラム。フェデリコ・フェリーニ監督の傑作映画「道」のサウンドトラックである。旅芸人ザンパノと純真な女性ジェルソミーナとの哀しい愛の物語。作曲はニーノ・ロータ。フェリーニとの名コンビで知られ、「甘い生活」「8 1/2」「カサノバ」など数々の名作映画が生まれた。ロータは、コッポラ「ゴッドファーザー」、ゼッフィレッリ「ロミオとジュリエット」などの音楽も手がけており、これらもフィギュアスケートの人気曲だ。

「ラ・バヤデール」
　クラシック・バレエの人気演目「ラ・バヤデール」だが、フィギュアスケートで取り上げられる機会は少ない。そのなかで人々の記憶に焼き付いているのは、村元哉中&高橋大輔のフリーダンスだろう。バヤデールとは古代インドの寺院に仕える舞姫のこと。バレエは舞姫ニキヤと戦士ソロルの悲恋が描かれている。音楽はレオン・ミンクス。村元&高橋のプログラムは、バレエのなかの「影の王国」と呼ばれる名場面の音楽を使用。バレエの物語とスタイルを咀嚼した上で、独自の幻想的で美しい世界を2人が氷上に描き出している。　(FH)

村上佳菜子さんからのメッセージ
私が現役時代に滑った「オペラ座の怪人」や「白鳥の湖」をはじめ、フィギュアスケートで一度は聴いたことのある曲のラインナップになっていると思います。スペシャルゲストの高橋大輔さんがかつて滑った「道」も演奏されます！　田中祐子さん指揮のフルオーケストラに加えて、テノール歌手の工藤和真さんが「トゥーランドット」の"誰も寝てはならぬ"や「トスカ」の"星は光りぬ"、ピアニストの五十嵐薫子さんがショパンの「バラード第1番」やラフマニノフの「ピアノ協奏曲第2番」に登場します。なかなか実現しないような贅沢なコンサートに、その曲で滑って表現してきた私たちスケーターの言葉が加わることで、唯一無二のコンサートになるはず。スケートも、音楽も、生で本物を見ることは感性の刺激になります。音の取り方に気づかされたり、いままでに生まれたことのない感情が生まれたり、新しい発見がいっぱいあると思います。私たちと一緒に、スケートと音楽の素敵な出会いを楽しみましょう！

フィギュアスケーター達に愛された名曲の数々を迫力のオーケストラで！
選曲のこだわりや競技生活のエピソードなど、
ここでしか聞けないトークを交えた"すべらない"コンサート！

テノール
工藤和真
©FUKAYA / auraY2

指揮
田中祐子
©sajihideyasu

司会
村上佳菜子

スペシャルゲスト
高橋大輔

ピアノ
五十嵐薫子
©井村重人

村上佳菜子の フィギュアスケート音楽会
スペシャルゲスト：高橋大輔

プログラム

♪チャイコフスキー：バレエ「白鳥の湖」より
高橋大輔2008年「四大陸フィギュアスケート選手権大会」優勝
村上佳菜子2010年「世界ジュニアフィギュアスケート選手権大会」優勝

♪プッチーニ：歌劇「トゥーランドット」より"誰も寝てはならぬ"（テノール出演）
荒川静香2006年「第20回オリンピック冬季競技大会（トリノ）」金メダル
宇野昌磨2018年「第23回オリンピック冬季競技大会（平昌）」銀メダル

♪アンドリュー・ロイド＝ウェバー：「オペラ座の怪人」より
村上佳菜子（2014-15シーズン使用）
村元哉中＆高橋大輔2022年「第91回全日本フィギュアスケート選手権大会」優勝

♪ラフマニノフ：ピアノ協奏曲第2番より第1楽章（ピアノ出演）
高橋大輔2005年「第74回全日本フィギュアスケート選手権大会」優勝
浅田真央2014年「第22回オリンピック冬季競技大会（ソチ）」6位

♪ショパン：バラード第1番（ピアノ出演）
羽生結弦2018年「第23回オリンピック冬季競技大会（平昌）」金メダル

♪ニーノ・ロータ：映画「道」より
高橋大輔2010年「第21回オリンピック冬季競技大会（バンクーバー）」銅メダル

♪ミンクス：バレエ「ラ・バヤデール」より
村元哉中・高橋大輔（2020-21，2021-22シーズン使用）

2024年3月16日(土)14:00開演
3月17日(日)14:00開演
東京文化会館 大ホール

チケット価格
S席9,000円
A席7,000円
B席5,000円

主催：光藍社 お問合せ：光藍社チケット 050-3776-6184(12〜16時/土日祝休み)

光藍社WEBでのチケット
お申し込みはコチラ▶
https://www.koransha.com/

光藍社チケット 050-3776-6184(12〜16時/土日祝休み)

チケットぴあ／ローソンチケットイープラス／セブンチケット
カンフェティ／東京文化会館チケットサービスでも発売中！

※未就学児のご入場はご遠慮ください。
※出演者、曲目等は変更になる場合がございます。予めご了承ください。
※開場は開演の45分前を予定しています。※予定公演時間：約2時間(休憩あり)
※本公演は、スケート用に編集された音楽の演奏ではございません。オーケストラで原曲を演奏いたします。

好評発売中！！

管弦楽：シアター オーケストラ トウキョウ

NEWS

世界選手権代表記者会見

　全日本選手権から一夜明けた12月25日、男女シングルの世界選手権代表に選ばれた6人が会見に臨んだ。

　代表会見に臨んだ6人は決定を受けての感想と世界選手権へ向けた意気込みについて以下のようにコメントした。

三浦佳生　まずは世界選手権に選ばれることができ、すごくうれしく思っています。世界選手権は今シーズン目標の1つであったので、出場するからには本当に勝ちに行くつもりでがんばっていきたいと思っています。

鍵山優真　世界選手権の代表に選ばれて、すごくいまはうれしい気持ちもあるんですけれども、いまのままだとやっぱりトップに立てないっていう実感もすごく感じているので。もっともっと構成もクオリティも上げて、トップを目指していけるようにがんばりたいなって思っています。

宇野昌磨　とても光栄です。世界選手権に向けて最善を尽くしたいと思います。

坂本花織　今年も全日本で優勝して世界選手権決めることができたのですごくうれしいです。世界選手権もパーフェクトな演技で自分らしく滑れたらなと思ってます。

千葉百音　初めて世界選手権に選ばれて、行くことができてとてもうれしいです。まずはシニア1年目として伸び伸びと滑ってこれたらいいなと思います。

吉田陽菜　今回の全日本は悔しいんですけど、他の試合が評価されてうれしいので、しっかり責任を持って、身を引き締めてがんばりたいと思います。

　さらに、記者からの質問に対し、それぞれ以下のように答えた。

―― どんな状況で決定を知ったのか教えてください。

三浦　昨日は隣にいる鍵山選手と、佐藤選手と焼肉屋に行きまして、そこで食べながらずっと結果を待っていた感じです。

鍵山　三浦選手と同じく、食事をしながら結果を待つかたちにはなっていたんですけれども、変わらず緊張感もありながら代表発表を待っていたので、選ばれたときはすごくうれしい気持ちになりました。

宇野　ぼくもプライベートな食事をしてました。心境……そうですね、気づいたのは12時をもう回ってたので。まあそうですね……なんか早くゲームしたいなっていう気持ちでした。

坂本　私はドーピング検査をしてる最中で、10時半だなと思って、気づいたらまだ出てないなってなって。ちょうど終わる頃に発表の紙を貼り出す方が紙を持って歩いてたんで、後ろからついていって掲示されるのを見ました。

千葉　私はリンクでやるすべての工程が終わって、お母さんと2人で車で戻る途中でXで公表されていたので、ドキドキしながらお母さんと一緒に見ました。

吉田　12時半にご飯を食べてたときに1回見て、でも出てなかったので、ホテルに戻って。で、少しずつ確認してやっと出たときは、素直にうれしかったです。

―― 宇野選手と坂本選手、3連覇へのモチベーションは。

宇野　順当にいけばぼくは優勝できないと思っています。2連覇している自分としていくっていうよりも、ぼくがいままでの最高の演技をしなければ優勝はないと思ってるので。そうですね、3連覇っていうことにまったく重圧を感じてる場合でもないかなっていうのは、自分の実力からして考えているので。それこそ最善を尽くすっていうことだけを考えて、調整や試合に臨みたいなと思っています。

坂本　世界選手権3連覇っていうのは、今シーズンずっと言ってきた目標なので、やっぱりどうしても達成したい目標です。全日本、ショートはよかったんですけど、フリーはやっぱり細かいミスが本当に多かったので、しっかり修正して世界選手権でもっといいパフォーマンスができるようにがんばります。

―― 初出場の3名にお聞きします。世界選手権に抱いていたイメージや印象に残っている名場面を教えてください。

三浦　世界選手権は、本当に自分も子どもの頃からもちろん夢でしたし。元々、2年前補欠選手から繰り上がりで出場予定だったけど、怪我をしてしまって出れなかった悔しい大会でもあるので。こうして代表の座を掴むことができて、本当にうれしいです。名場面は、羽生結弦選手の「Hope & Legacy」のときの世界選手権が1つで、あとはやっぱり2大会前の宇野選手の「ボレロ」も好きです。

千葉　私にとって世界選手権は、すごく憧れの舞台でもあり、去年もさいたまスーパーアリーナで開催された世界選手権を観戦させていただいたんですけど。各国の選手の方々が集まって、大会の雰囲気的にも、すごく大きな大会っていう感じがして、そこに自分が出場できることがすごくうれしいです。心に残ってる演技は、いままで本当にシーズンの終盤のこのいちばん大きな大会で、皆さん非常にいい演技をされていて、1つや2つに絞ることができなくて、挙げることができないのが惜しいですが、毎年本当に多くの感動の演技が生まれていて、毎年感動してます。

吉田　世界選手権は、夢の舞台でもあり、憧れの舞台でもあるので、自分がそこで滑ってる姿はまだ想像できないんですけど、私も去年百音ちゃんとさいたまスーパーアリーナに観に来てたので。本当に1年前は、1年後に世界選手権に出れると思っていなかったので、伸び伸びと挑戦者として滑りたいです。

　世界選手権は3月20〜24日、カナダ・モントリオールで行われる。

世界選手権代表に選ばれた、(左から) 吉田陽菜、千葉百音、坂本花織、宇野昌磨、鍵山優真、三浦佳生 ©Yazuka Wada

2024年世界選手権代表

●男子シングル
宇野昌磨 (トヨタ自動車)
鍵山優真 (オリエンタルバイオ／中京大学)
三浦佳生 (オリエンタルバイオ／目黒日本大学高校)

●女子シングル
坂本花織 (シスメックス)
千葉百音 (木下アカデミー)
吉田陽菜 (木下アカデミー)

●ペア
三浦璃来＆木原龍一 (木下グループ)
長岡柚奈＆森口澄士 (木下アカデミー) ※ミニマムスコア取得が条件

●アイスダンス
小松原美里＆小松原尊 (倉敷FSC) ※四大陸選手権の結果を受けて決定

本田真凜 現役引退

女子シングルの本田真凜が1月5日にマネジメント会社を通じて引退を発表。その6日後の11日には、都内で引退会見が開かれた。

白のパンツスーツに身を包んだ本田は会見の冒頭に競技引退の報告と関係者やファンへの感謝の思いを述べた。

「みなさま、こんにちは。本田真凜です。本日はお集まりいただき、ありがとうございます。先日、所属事務所からお知らせをしていただいた通り、今シーズンをもちまして選手生活を終えるという決断をしました。まずは、これまでたくさんの方に応援していただけたこと、本当に本当にありがとうございました。そして、スケートを始めてから今年で21年目になるんですけれども、私のスケートに携わってくださったみなさんに本当に感謝しています。こんなにも長い間スケートを続けてこれたからこそ、がんばってこれたからこそ、いろんなうれしさに出会えましたし、応援してくださるみなさんにも出会えたと思います。そして、逆にいろんな葛藤であったりとか、そういったものに向き合って乗り越えてこれたんじゃないかなと思います。私のこれまでの人生は、どんなときを振り返ってもすべての思い出にスケートがあります。これまで本当にたくさんの方に応援していただけて、長い競技生活のなかで、いいときもそうでないときもいろんなときがありましたけれども、どんなときも寄り添ってくださって幸せな競技生活だったなっ

て思います。ありがとうございました。本日はよろしくお願いいたします」

次いで、集まった記者からの質問に答えた本田。今後の活動について問われると、「これからは、もしチャンスがあれば、どんなことにも新しく挑戦していきたいなと思いますし、何事も全力でがんばっていけたらいいなと思います」と未来を見据えた。

本田にとって引退試合となったのは、12月21日より長野県長野市のビッグハットで行われた全日本選手権。本田は骨盤の怪我をおして22日の女子ショートプログラムに出場。フリーに進むことは叶わなかったが、この大会について問われるとこうコメントした。

「全日本選手権が始まる前は、自分のなかで本当に体の状態とか、不安要素がたくさんあるなかでがんばるって決めたことを、自分のなかでは本当にやり切れたなと思っていました。周りの先生方とか、一緒にがんばってきてくれたみんなとかは『よかったよ』と言ってくださったんですけど、数日経つと、こういう演技で終わりたかったなとか、こういう状態じゃないときに最後の試合ができたらなと、少し思う日もあったんですけど、でも自分にとっては、本当に一旦落ち着いて考えてみた

ら、よかったなと思いますし、心を込めて演技ができていたので、もう思い残したことはないかなっていうふうに思ったんですけど。周りのお友達とか、先生方や家族とかにも、『ほかにも完璧な演技だったりとか、もっと点数のいい演技っていうのはたくさんあったけど、本当に感動するいい演技だったよ』っていうのを伝えていただいて、すごくうれしかったです」

また、現役中、落ち込んでいるときには浅田真央からよく言葉をかけてもらったと言い、引退を決めた後にも「新しいスタートも胸を張って思いっきり進んでいけばいいよ」とエールを送られたと話した本田。質疑応答の後はフォトセッションに応じ、会見は終了した。

本田は1月19日より東京・東伏見のダイドードリンコアイスアリーナで行われたプリンスアイスワールド東京公演にゲスト出演し、プロスケーターとしての第1歩を踏み出した。

会見に臨む本田真凜 ©Shintaro Iba

「羽生結弦 notte stellata」Blu-ray＆DVD発売

2023年3月、羽生結弦がプロ転向後初めて地元・宮城で開催したアイスショー「羽生結弦 notte stellata」。「希望の光」をテーマに、仲間たちとともに発信した公演を収録したBlu-ray＆DVDが発売された。

「notte stellata」とはイタリア語で"満天の星"の意味。「被災地を照らした満天の星のように"希望"を発信し、人々が少しでも笑顔になれるきっかけになれば」という羽生自身の願いがこめられている。公演では、体操界のレジェンド・内村航平をゲストに迎え、フロアと氷上での稀有なコラボレーションを披露したほか、シェーリーン・ボーン・トゥロック、宮原知子、ジェイソン・ブラウンらがそれぞれに氷上を彩った。Blu-ray＆DVDでは、3月11日公演の本編に加えて、特典映像として羽生結弦×内村航平「Conquest of Paradise」のマルチアングル映像、3月10・12日公演のハイライト、舞台裏映像、出演者インタビュー集など、さまざまな映像を収録している。封入特典は特製ブックレット。

●Blu-ray：2枚組／本編110分＋特典／価格11000円
●DVD：2枚組／本編110分＋特典／価格8800円
●演目：羽生結弦「notte stellata」／オープニング「Twinkling Stars of Hope」／本郷理華「The Prayer」／無良崇人「燦燦」／シェーリーン・ボーン・トゥロック「Firedance」／田中刑事「Memories (The Prophet)」／ビオレッタ・アファナシバ「The Lost Voices」／ジェイソン・ブラウン「Melancholy」／宮原知子「Gnossienne」／羽生結弦×内村航平「Conquest of Paradise」／シェーリーン・ボーン・トゥロック×鈴木明子×無良崇人×本郷理華「Dynamite」／田中刑事「ある日どこかで」／ビオレッタ・アファナシバ「Hope」／ジェイソン・ブラウン「The Impossible Dream」／宮原知子「Stabat Mater dolorosa」／鈴木明子「月の光」／無良崇人×本郷理華「雨に唄えば」／内村航平 ゆか／羽生結弦「春よ、来い」／フィナーレ「希望のうた」／グランドフィナーレ「道」
●特設サイト：https://www.vap.co.jp/nottestellata/

©Yuji Namba

町田樹が初めての舞台公演で振付・出演！
上野水香×町田樹×高岸直樹
《Pas de Trois　バレエとフィギュアに捧げる舞踊組曲》

　来るGWに、町田樹（國學院大學助教）がバレエ公演に初出演・初振付する《Pas de Trois　バレエとフィギュアに捧げる舞踊組曲》が、東京・上野の東京文化会館小ホールで開催される。

　この公演は、さまざまな角度からバレエに触れられる企画が集中開催される〈上野の森バレエホリデイ〉の特別公演。町田が、上野水香（東京バレエ団ゲスト・プリンシパル）、高岸直樹（元東京バレエ団プリンシパル）という世界的なバレエ・ダンサーと共演する注目のプロジェクトだ。

　町田と上野は、これまで〈上野の森バレエホリデイ〉のトーク企画で4年連続共演。バレエとフィギュアスケートをテーマに語り合い、交流を深めてきた。いっぽう、高岸は、町田が長年バレエのレッスンを受けている師にあたる。強い信頼関係で結ばれた3人が、本公演では「敬愛と献呈」をテーマに、ショパンやシューベルトなど、おもにロマン派のピアノ曲に振付けられた作品を披露する。

　舞台演目は、すべて町田と高岸が新たに振付ける世界初演作になるという。町田はフィギュアスケートにおいては、「白鳥の湖」「ボレロ」「ドン・キホーテ」など、バレエ音楽を使用した話題作を次々に発表してきたが、バレエ作品を手がけるのは今回が初めて。気鋭の研究者として、実演家として、バレエとフィギュアスケートの関係性を探究する町田がどのようなバレエ作品を生み出すのかおおいに期待したいところだ。音楽の殿堂・東京文化会館を舞台に、バレエとフィギュアスケートの魅力が交錯する斬新な舞踊公演となるにちがいない。

　本公演は、これまでも町田の創作活動を支えてきた創作集団Atelier t.e.r.mが監修・構成にあたる。また町田が演じるフィギュアスケート作品《継ぐ者》と《別れの曲》の映像も上映される。とくに《継ぐ者》は、プリンスアイスワールドによる未公開映像で必見。

公演情報
──────────
上野水香×町田樹×高岸直樹
《Pas de Trois バレエとフィギュアに捧げる舞踊組曲》
4月27日（土）
1回目 13:45〜14:55　2回目 18:30〜19:40
東京文化会館小ホール
監修・構成：Atelier t.e.r.m
振付：高岸直樹、町田樹
演出：高岸直樹、上野水香、町田樹
音楽：フレデリク・ショパン、クロード・ドビュッシー、フランツ・シューベルト、ロベルト・シューマンより
https://www.nbs.or.jp/stages/2024/pdt/
※情報は2月7日現在。

Photos ©Yuji Namba

上野、高岸は世界的にも稀有なベジャール振付「ボレロ」の主演ダンサーに選ばれるなど、国際的な名声を誇る。町田とのコラボレーションでどんな舞台が現出するのか、期待は尽きない。©Yuji Namba

EVENT CALENDAR

おもな競技会＆アイスショーのスケジュール

Competition

〈国際競技会〉
ISU選手権

●世界ジュニア選手権
2月28日〜3月3日／台湾・台北
●世界ジュニアシンクロナイズドスケーティング選手権
3月15、16日／スイス・ヌーシャテル
●世界選手権
3月20〜24日／カナダ・モントリオール
●世界シンクロナイズドスケーティング選手権
4月5、6日／クロアチア・ザグレブ

詳細は、国際スケート連盟
https://www.isu.org
公益財団法人日本スケート連盟
https://www.skatingjapan.or.jp/
のHPなどをご覧ください。

上薗恋奈（2023年メダリスト・オン・アイス）
©Yazuka Wada

Ice Show

〈国内〉
ファンタジー・オン・アイス 2024

芸術性に優れたトップスケーターたちが集結し、アーティストたちとのコラボレーションナンバーをはじめとした珠玉のプログラムを披露する。
●幕張公演
5月24〜26日／幕張イベントホール
●愛知公演
5月31日〜6月2日／Aichi Sky Expo（愛知県国際展示場）
●神戸公演
6月14〜16日／ワールド記念ホール
●静岡公演
6月21〜23日／エコパアリーナ
https://fantasy-on-ice.com/

羽生結弦 notte stellata 2024

羽生結弦を中心に、東日本大震災の被災地へ鎮魂の祈りを捧げるアイスショー「notte stellata」が今年も開催される。会場は宮城県のセキスイハイムスーパーアリーナ。昨年に引き続き、ライブビューイングも実施される。羽生結弦のほか、ハビエル・フェルナンデス、ジェイソン・ブラウン、シェイリーン・ボーン・トゥロック、宮原知子、鈴木明子、田中刑事、無良崇人、本郷理華、ビオレッタ・アファナシバ、スペシャルゲストに大地真央が出演予定。
●3月8日17:00、9、10日16:00／セキスイハイムスーパーアリーナ（グランディ・21）
[問]＝https://www.gip-web.co.jp/t/info（GIP）
https://nottestellata.com/

スターズ・オン・アイス ジャパンツアー2024

国内外のトップスケーターが出演するスターズ・オン・アイスが大阪と横浜で開催決定！ イリア・マリニン、チャ・ジュンファン、キーガン・メッシング、宮原知子、ルナ・ヘンドリックス、イザボー・レヴィト、チョック＆ベイツ、ギレス＆ポワリエ、ステラート＝ドゥダク＆デシャンらレギュラー・スケーターに加え、ゲスト・スケーターとして宇野昌磨、三浦佳生、坂本花織、千葉百音、吉田陽菜、島田麻央、上薗恋奈、三浦璃来＆木原龍一らが出演を予定している。
●大阪公演
3月30、31日12:00／東和薬品RACTABドーム
[問]＝キョードーインフォメーション
☎0570-200-888
●横浜公演
4月5〜7日13:00／横浜アリーナ
[問]＝DISK GARAGE
https://diskgarage.com/form/info
https://figureskate-soi.com/2024/index.html

プリンスアイスワールド 2024-2025

日本アイスショーの草分け「プリンスアイスワールド」の2024-2025シーズンが、4月に横浜で開幕する。「A NEW PROGRESS BROADWAY ROCKS!」と題した新プロダクションにプリンスアイスワールドチームが挑む。
●横浜公演
4月27〜29日、5月3〜5日11:30＆16:00／KOSÉ新横浜スケートセンター
https://www.princeiceworld.com/

氷艶2024──十字星のキセキ──

日本文化を伝える艶やかな世界を氷上に描き出すアイスショー、「氷艶」が5年ぶりに開催。今回は「銀河鉄道の夜」をモチーフに構成したショーが繰り広げられる。高橋大輔が主演を務め、荒川静香、村元哉中、さらに小野田龍之介、エハラマサヒロ、エリアンナ、まりゑら俳優陣も出演予定。演出は宮本亞門が手掛け、スペシャルゲストアーティストとしてゆずが参加する。
●6月8〜11日16:00／横浜アリーナ

https://hyoen.jp/

ブルーム・オン・アイス

木下アカデミー生が日々の練習の成果を発揮する場として開催されるブルーム・オン・アイスが、今年も開催される。出演スケーターは後日発表予定。
●4月20、21日／木下アカデミー京都宇治アイスアリーナ
https://kyotouji-ice.jp/bloom-on-ice-2024/

ディズニー・オン・アイス

ディズニーの夢の世界を氷上に描き出すディズニー・オン・アイスが今年も日本でツアーを行う。今年のテーマは「Find Your GIFT」で、全国11都市で開催予定。
●秋田・由利本荘公演
7月4〜7日／由利本荘総合防災公園ナイスアリーナ
●東京公演
7月12〜15日／有明アリーナ
●豊田公演
7月19〜23日／スカイホール豊田
●常滑公演
7月26〜28日／Aichi SKY EXPO ホールA
●横浜公演
8月1〜5日／横浜アリーナ
●大阪公演
8月10〜18日／大阪城ホール
●福岡公演
8月23〜25日／マリンメッセ福岡
●神戸公演
8月30〜9月1日／ワールド記念ホール
●広島公演
9月6〜8日／広島グリーンアリーナ
●埼玉公演
9月14〜16日／さいたまスーパーアリーナ
●千葉・船橋公演
9月21〜23日／LaLa arena TOKYO-BAY
https://www.ctv.co.jp/disneyonice/

〈海外〉
Stars On Ice

●カナダツアー
4月25日／ハリファックス、26日／モンクトン、28日／オタワ、30日／ラヴァル、5月3日／トロント、4日／セントキャサリンズ、5日／ロンドン、9日／レジーナ、10日／カルガリー、12日／エドモントン、14日／バンクーバー、16日／ヴィクトリア
https://www.starsonice.ca/

シルク・ドゥ・ソレイユ CRYSTAL

●アラブ首長国連邦公演
4月26〜28日、5月2〜5日／アブダビ
●アメリカツアー
2月29〜3月3日／ツーソン、7〜10日／リオランチョ、13〜17日／デンヴァー、22〜24日／ホフマンエステー

ジン・ボーヤン（2024年四大陸選手権 EX）
©Manabu Takahashi

ツ、28〜31日／ミルウォーキー、4月4〜7日／コロンブス
https://www.cirquedusoleil.com

Holiday On Ice

●「NO LIMITS」ドイツ公演
2月28日〜3月3、6〜10、13〜17日／ベルリン、22〜24日／ケルン、28、30日〜4月1日／フライブルク、4〜7日／エアフルト、11〜14日／マグデブルグ
●「AURORE」フランス公演
2月29〜3月3日／パリ、3月5、6日／サントメール、3月9、10日／ルーアン、12、13日／レンヌ、15〜17日／トゥール、19、20日／カーン、22〜24日／ナント、26、27日／ボルドー、30、31日／トゥールーズ、4月2、3日／モンペリエ、6、7日／クレルモン＝フェラン、9、10日／ニース、13、14日／マルセイユ、16、17日／セント＝エチエンヌ、20、21日／リヨン、23、24日／オルレアン、26〜28日／リール
●「NO LIMITS」オランダ公演
12月6〜8日／フローニンゲン、13〜15日／ブレダ、19〜22日／デンボス、26〜29日／アムステルダム、2025年1月3〜5日／ロッテルダム、9〜12日／マーストリヒト
https://holidayonice.com/nl/

Stage

上野水香×町田樹×高岸直樹 《Pas de Trois──バレエとフィギュアに捧げる舞踊組曲》

2017年より東京文化会館を中心に開催されているバレエイベント、「上野の森バレエホリデイ」。その一環として行われる特別公演「上野水香×町田樹×高岸直樹《Pas de Trois--バレエとフィギュアに捧げる舞踊組曲》」に、國學院大學助教の町田樹が振付家、そしてダンサーとして参加する。
●4月27日13:45＆18:30／東京文化会館 小ホール
[問]＝NBSチケットセンター
☎03-3791-8888
https://www.nbs.or.jp/stage/2024/pdt/

※情報は2月上旬現在。出場選手、時間などは変更になる場合があります。

TV SCHEDULE

テレビ放送スケジュール

千葉百音と鍵山優真（2024年四大陸選手権 EX）©Manabu Takahashi

◎J SPORTS

国内最大4チャンネルのスポーツテレビ局「J SPORTS」。J SPORTS2では全国中学校スケート大会、J SPORTS4では、世界ジュニア選手権、全国高等学校スケート競技・アイスホッケー競技選手権大会が放送予定。

J SPORTS4

◆第44回全国中学校スケート大会フィギュアスケート競技
2月29日7:00　男子 フリースケーティング
　29日10:00　女子 フリースケーティング

◆プリンスアイスワールド2023-2024 A NEW PROGRESS〜BROADWAY CLASSICS〜滋賀公演
3月1日19:00
　20日17:30

◆ISU世界ジュニアフィギュアスケート選手権2024
3月12日14:00　ペア
　13日14:00　女子シングル
　14日14:00　アイスダンス
　15日14:00　男子シングル
　16日18:30　エキシビション
　18日14:30　男子シングル
　19日15:00　女子シングル
　20日7:00　アイスダンス
　20日11:00　ペア
　20日15:00　エキシビション

◆全国高等学校スケート競技・アイスホッケー競技選手権大会　フィギュアスケート競技
3月16日8:00　男子　決勝　フリースケーティング
　17日8:00　女子　決勝　フリースケーティング

J SPORTS2

◆第44回全国中学校スケート大会フィギュアスケート競技
3月4日12:30　女子 ショートプログラムA
　5日12:30　女子 ショートプログラムB
　6日12:30　男子 ショートプログラム
　7日12:00　女子 フリースケーティング
　7日15:00　男子 フリースケーティング

J SPORTS3

◆第44回全国中学校スケート大会フィギュアスケート競技
3月11日23:00　男子 ショートプログラム
　12日21:00　女子 ショートプログラムA
　13日21:00　女子 ショートプログラムB
　14日20:00　女子 フリースケーティング
　14日23:00　男子 フリースケーティング
　18日7:00　女子 ショートプログラムA
　19日7:00　女子 ショートプログラムB
　21日7:00　男子 ショートプログラム
　22日8:00　男子 フリースケーティング
　22日11:00　女子 フリースケーティング

J SPORTS1

◆第44回全国中学校スケート大会フィギュアスケート競技
3月12日7:00　男子 ショートプログラム
　13日7:00　女子 ショートプログラムA
　14日7:00　女子 ショートプログラムB
　15日7:00　男子 フリースケーティング
　15日10:00　女子 フリースケーティング

[問]＝J SPORTSカスタマーセンター
☎0570-099-333
https://www.jsports.co.jp

◎フジテレビ

フジテレビでは、3月に世界ジュニア選手権と世界選手権を放送する。

◆世界ジュニアフィギュアスケート選手権2023
3月8日02:25

◆世界ジュニアフィギュアスケート選手権2024
3月11日02:50

◆世界フィギュアスケート選手権2024
3月22日19:00　男女ショート
3月24日19:00　男女フリー

◆世界フィギュアスケート選手権2023ペア・アイスダンス＜Tナイト＞
3月29日03:10

[問]＝フジテレビ視聴者センター
☎0570-088-081
https://www.fujitv.co.jp

◎日テレプラス

日テレプラスでは、フレンズオンアイス2023、THE ICE2023の模様をオンエア予定。また、荒川静香がさまざまなスケーターと対談する番組、「荒川静香 Friends＋α」も放送予定。

◆荒川静香 Friends＋α 2023-24
2月29日22:00　#5 村元哉中
3月7日22:00　#3三宅星南
　14日22:00　#4 本郷理華
　21日22:00　#5 村元哉中
　28日22:00　#6（最終回）

◆THE ICE 2023 超特別版
3月3日18:00

◆荒川静香フレンズオンアイス2023完全版
3月3日20:30

[問]＝日テレプラスカスタマーセンター
☎0120-222-257
http://www.nitteleplus.com

◎TBSチャンネル

TBSチャンネル2にて2006、2007に行われた「日米対抗フィギュアスケート」を3月放送予定。高橋大輔関連番組も。

TBSチャンネル2

◆日米対抗フィギュアスケート2006
3月24日0:30

◆日米対抗フィギュアスケート2007
3月24日2:00

◆日米対抗フィギュアスケート2007エキシビション
3月25日0:20

◆高橋大輔in LA 2017〜2年目の進化へ 舞台直前リハーサル独占密着！〜
3月31日0:00

◆シェリル・バーク＆高橋大輔W主演木下グループ presents LOVE ON THE FLOOR 2017 完全版
3月31日1:00

[問]＝TBSチャンネルカスタマーセンター
☎0570-666-296
https://www.tbs.co.jp/tbs-ch/

※情報は2月上旬現在。内容、放送時間などは変更になる場合があります。

LETTERS

宇野昌磨と鍵山優真（写真は2023年グランプリファイナル）
©Nobuaki Tanaka / Shutterz

かおちゃん、ファイナル優勝おめでとう

坂本花織選手のグランプリファイナルでの戦いに感動しました！世界女王のプレッシャーや去年の悔しい経験に打ち勝って、3度目の挑戦で初めてのメダルが金メダルなんてかっこよすぎました。姪っ子ちゃん、甥っ子ちゃんに向けたショートプログラムは、こちらまで温かい気持ちになれる素敵なプログラム＆演技でどの試合でもとくに楽しみにしています。プレッシャーになってはいけないと思いつつ……モントリオールでも素敵な滑りを期待しています。かおちゃん、ファイト！

（東京都　PN／なか卯セットさん）

おかえり、優真くん！

今季はNHK杯が地元の大阪にくるのでとても楽しみにしていました。男子フリーを見に行ったのですが、応援している鍵山優真選手が怪我から戻ってきてくれただけでもうれしいのに、とても気持ちのいい演技を見せてくれたうえに優勝までして、本当に幸せでした。大変な時期を乗り越えて、表彰台の一番上で笑う姿はすごくかっこよくて、やっぱりちょっとかわいかったです。（笑）これからも応援しています。また大阪にも来てな！　（大阪府　PN／昭和マロンさん）

宇野ルフィとの最高の夏

初めまして、「ワンピース」ファンです。この夏、大好きな作品がフィギュアスケートとともに新しい冒険に出るというニュースを聞き、慌てて現地参戦してきました。スケートはテレビでしか見たことがなかったので、正直、ちょっとドキドキでしたが、そんな不安も、緊張も、宇野ルフィがバーンと出てきた瞬間に吹っ飛びました。そこにルフィがいたのです！麦わらの一味がいたのです！気がつけばいつも通り、いや、いつもよりちょっと興奮気味で大好きな世界に浸っていました。最高の夏をありがとう。また次の航海があると信じて……！
（愛知県　PN／U no 意志を継ぐ者さん）

日本の未来予想図

創刊100号、おめでとうございます！心より、お祝い申し上げます。国内外問わず、常に偏りなくいろんな選手に光を当てる誌面作りが大好きです。全日本ジュニアを現地観戦して、レベルの高さには驚きました。全日本推薦選手がシニアのお兄さんお姉さん選手にどれだけくいさがっていくのか、末恐ろしいというか既に恐ろしいと思いました。この推薦選手の皆さんは日本の未来予想図なので、本当に楽しみです。皆さんの活躍に期待します。

（東京都　PN／みんみんさん）

羽生結弦さんの才能に脱帽

11月4日、さいたまスーパーアリーナに「RE_PRAY」を見に行ってきました。あれだけ壮大なショーを作り上げる羽生結弦さんの才能には脱帽です。羽生さんがつづった物語が選び抜かれた音楽とともに描きだされていく様を見ながら、不思議な世界に迷い込んだような感覚になったり、ふとした瞬間に、すごく深い言葉が心のなかにすーっと入ってきたり、またなつかしいような気持ちになったりしました。いろいろと感情が忙しいんですが、最後はワクワク感に満たされて、元気をもらって会場をあとにしました。また早く見に行きたいです。

（東京都　PN／つくだわんこさん）

ずっと頭の片隅にあった演技

ずっと以前にTVでたまたま一度だけ観て、印象に残ったアイスダンスの演技がありました。頭の片隅に置いたまま時は過ぎ、コロナ禍のステイホームで動画を見まくっていた時に、再会したのです！ウソワ＆ズーリン組、1992年アルベールビル五輪のフリーダンス「四季」。こんなに美しいものがこの世にあるのかと思った、あの日の感動がよみがえりました。（長野県　PN／アナスタシアさん）

全日本男子は神試合でした

今季の全日本の男子フリーがあまりに最高でした！全日本は毎年（チケットが取れれば）見に行っています。例年、やはりフリーは白熱しますし、いい演技も多いのですが、これほどまでに緊張と高揚を感じた試合は初めてだったかもしれません。なんといっても、最終グループは1人登場するごとに空気が張り詰め、そして爆発するの繰り返し。神演技連発の、まさに神試合！よくもあの緊張感で、6人そろってあれだけの演技ができるものだと感嘆しました。あのなかで勝ち切った宇野昌磨選手もさすがでしたし、個人的には神試合の口火を切った友野一希選手の静かに燃えたフリー演技にMVPを差し上げたいです。

（滋賀県　PN／はにわ男子さん）

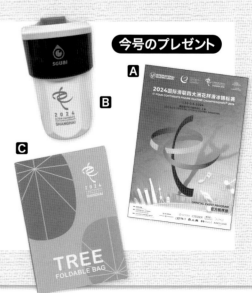

今号のプレゼント

A 四大陸選手権2024
プログラム…2名様
中国・上海で行われた四大陸選手権の大会プログラム。（中英表記）

B 四大陸選手権2024
タンブラー…3名様
大会のロゴ入りタンブラー。

C 四大陸選手権2024
フォルダブルバッグ…3名様
折りたためるバックパック。（リュック）

〈応募方法〉本誌についている愛読者ハガキでご応募ください。締切は2024年4月30日（必着）。当選者の発表は発送をもってかえさせていただきます。

RESULTS

ISU Four Continents Championships 2024
四大陸選手権2024　Feb.1-4, 2024　中国・上海

	Pl.	Name	Nation	Points	SP		FS	
Men	1	Yuma KAGIYAMA	JPN	307.58	1	106.82 (59.88 / 46.94)	1	200.76 (107.28 / 93.48)
	2	Shun SATO	JPN	274.59	2	99.20 (57.45 / 41.75)	3	175.39 (91.94 / 83.45)
	3	Junhwan CHA	KOR	272.95	3	95.30 (51.57 / 43.73)	2	177.65 (91.77 / 85.88)
	4	Sota YAMAMOTO	JPN	263.43	4	94.44 (53.46 / 40.98)	4	168.99 (87.81 / 82.18) -1.00
	5	Boyang JIN	CHN	256.89	5	89.41 (49.02 / 40.39)	5	167.48 (91.79 / 76.69) -1.00
	6	Mikhail SHAIDOROV	KAZ	244.80	7	81.76 (45.97 / 36.79) -1.00	6	163.04 (90.11 / 72.93)
	7	Wesley CHIU	CAN	240.38	6	83.50 (46.03 / 37.47)	7	156.88 (80.53 / 76.35)
	8	Andrew TORGASHEV	USA	237.20	8	81.15 (42.51 / 38.64)	8	156.05 (77.89 / 78.16)
	9	Yudong CHEN	CHN	218.66	9	78.74 (44.32 / 34.42)	13	139.92 (72.46 / 69.46) -2.00
	10	Roman SADOVSKY	CAN	217.83	11	72.44 (33.21 / 39.23)	10	145.39 (70.23 / 76.16) -1.00
	11	Tomoki HIWATASHI	USA	217.74	10	75.39 (40.57 / 34.82)	11	142.35 (78.09 / 65.26) -1.00
	12	Maxim NAUMOV	USA	215.00	15	67.61 (31.05 / 36.56)	9	147.39 (73.93 / 74.46) -1.00
	13	Juheon LIM	KOR	211.40	13	70.27 (36.03 / 34.24)	12	141.13 (75.70 / 65.43)
	14	Younghyun CHA	KOR	204.14	12	72.43 (38.89 / 33.54)	15	131.71 (67.28 / 65.43) -1.00
	15	Donovan CARRILLO	MEX	202.47	14	67.66 (36.32 / 33.34) -2.00	14	134.81 (67.61 / 67.20)
	16	Dias JIRENBAYEV	KAZ	195.88	18	64.51 (30.34 / 34.17)	16	131.37 (60.94 / 70.43)
	17	Conrad ORZEL	CAN	194.92	17	65.07 (33.56 / 33.51) -2.00	17	129.85 (66.22 / 63.63)
	18	Edrian Paul CELESTINO	PHI	180.31	20	62.86 (31.27 / 32.15) -1.00	18	117.45 (56.14 / 62.31) -1.00
	19	Rakhat BRALIN	KAZ	177.89	19	63.17 (32.08 / 32.09) -1.00	19	114.72 (58.74 / 56.98) -1.00
	20	Daiwei DAI	CHN	168.51	16	66.04 (33.18 / 32.86)	22	102.47 (47.23 / 59.24) -4.00
	21	Darian KAPTICH	AUS	166.41	22	55.76 (27.18 / 29.58) -1.00	20	110.65 (55.67 / 54.98)
	22	Ze Zeng FANG	MAS	158.34	23	54.99 (27.92 / 27.07)	21	103.35 (50.97 / 53.38) -1.00
	23	Heung Lai ZHAO	HKG	149.05	21	60.06 (30.48 / 29.58)	24	88.99 (40.87 / 49.12) -1.00
	24	Lap Kan YUEN	HKG	147.16	24	54.05 (24.39 / 29.66)	23	93.11 (40.60 / 53.51) -1.00
		Final Not Reached						
	25	Pagiel Yie Ken SNG	SGP	51.12	25	51.12 (26.07 / 25.05)	-	
	26	Fang-Yi LIN	TPE	48.85	26	48.85 (24.50 / 26.35) -2.00	-	
	27	Charlton DOHERTY	AUS	42.28	27	42.28 (17.98 / 25.30) -1.00	-	
Women	1	Mone CHIBA	JPN	214.98	1	71.10 (38.79 / 32.31)	1	143.88 (75.42 / 68.46)
	2	Chaeyeon KIM	KOR	204.68	2	69.77 (37.89 / 31.88)	3	134.91 (69.73 / 66.18) -1.00
	3	Rinka WATANABE	JPN	202.17	4	67.22 (35.73 / 31.49)	2	134.95 (69.43 / 65.52)
	4	Ava Marie ZIEGLER	USA	201.19	3	68.25 (36.71 / 31.54)	4	132.94 (67.71 / 65.23)
	5	Seoyeong WI	KOR	193.57	6	64.44 (35.79 / 28.65)	5	129.13 (70.00 / 59.13)
	6	Madeline SCHIZAS	CAN	185.69	9	61.57 (32.18 / 29.39)	6	124.12 (63.64 / 60.48)
	7	Mai MIHARA	JPN	184.07	5	65.18 (33.64 / 32.54) -1.00	7	118.89 (55.26 / 63.63)
	8	Elyce LIN-GRACEY	USA	173.98	8	62.83 (34.04 / 28.79)	11	111.15 (54.09 / 58.06) -1.00
	9	Sara-Maude DUPUIS	CAN	172.45	12	56.00 (30.16 / 25.84)	8	116.45 (60.30 / 56.15)
	10	Tzu-Han TING	TPE	171.87	10	59.17 (31.14 / 28.03)	10	112.70 (57.78 / 54.92)
	11	Haein LEE	KOR	169.38	11	56.07 (25.50 / 31.57) -1.00	9	113.31 (52.31 / 62.00) -1.00
	12	Lindsay THORNGREN	USA	162.63	7	64.11 (34.10 / 31.01) -1.00	12	98.52 (42.89 / 56.63) -1.00
	13	Hongyi CHEN	CHN	153.96	13	55.97 (30.60 / 25.37)	14	97.99 (47.84 / 50.15)
	14	Justine MICLETTE	CAN	151.30	14	52.93 (26.20 / 26.73)	13	98.37 (47.18 / 51.19)
	15	Andrea MONTESINOS CANTU	MEX	143.24	16	50.86 (25.63 / 26.23) -1.00	16	92.38 (43.24 / 50.14) -1.00
	16	Yi ZHU	CHN	139.52	15	52.77 (27.74 / 25.03)	19	86.75 (39.70 / 50.05) -3.00
	17	Sofiya FARAFONOVA	KAZ	137.79	18	47.57 (25.38 / 23.19) -1.00	18	90.22 (45.59 / 44.63)
	18	Jiaying CHENG	CHN	135.29	22	41.77 (20.86 / 21.91) -1.00	15	93.52 (52.95 / 41.57) -1.00
	19	Sofia Lexi Jacqueline FRANK	PHI	134.79	21	42.43 (20.59 / 21.84)	17	92.36 (48.97 / 43.39)
	20	Joanna SO	HKG	132.93	17	50.07 (27.03 / 23.04)	20	82.86 (39.47 / 45.39) -2.00
	21	Maria CHERNYSHOVA	AUS	121.64	20	43.29 (21.97 / 22.32) -1.00	21	78.35 (39.64 / 40.71) -2.00
	22	Nuriya SULEIMEN	KAZ	115.98	19	45.69 (24.50 / 21.19)	23	70.29 (35.17 / 37.12) -2.00
	23	Anna LEVKOVETS	KAZ	112.07	24	39.56 (20.27 / 20.29) -1.00	22	72.51 (35.50 / 37.01)
	24	Amanda HSU	TPE	105.66	23	39.60 (22.46 / 19.14) -2.00	24	66.06 (32.05 / 34.01)
		Final Not Reached						
	25	Hiu Yau CHOW	HKG	39.54	25	39.54 (20.96 / 18.58)	-	
	26	Vlada VASILIEV	AUS	32.63	26	32.63 (14.74 / 18.89) -1.00	-	

カメラを向けられ笑顔でポーズをとる（左から）グレアム充子コーチ、三原舞依、千葉百音、森田真沙也、渡辺倫果、吉田唄菜　©Manabu Takahashi

キス＆クライにて、得点を見て喜ぶ（左から）佐藤洸彬コーチ、千葉百音、濱田美栄コーチ　©Manabu Takahashi

	Pl.	Name	Nation	Points		SP / RD		FS / FD
Pairs	1	Deanna STELLATO-DUDEK / Maxime DESCHAMPS	CAN	198.80	1	69.48 (37.19 / 33.29) -1.00	1	129.32 (62.79 / 66.53)
	2	Riku MIURA / Ryuichi KIHARA	JPN	190.77	2	65.61 (32.45 / 33.16)	2	125.16 (59.98 / 66.18) -1.00
	3	Ellie KAM / Danny O'SHEA	USA	187.28	4	60.72 (31.55 / 30.17) -1.00	3	126.56 (64.37 / 63.19) -1.00
	4	Anastasia GOLUBEVA / Hektor GIOTOPOULOS MOORE	AUS	183.83	7	58.79 (30.80 / 28.99) -1.00	4	125.04 (66.41 / 58.63)
	5	Lia PEREIRA / Trennt MICHAUD	CAN	182.05	6	59.89 (31.21 / 29.68) -1.00	5	122.16 (60.18 / 61.98)
	6	Cheng PENG / Lei WANG	CHN	180.22	5	60.18 (33.20 / 27.98) -1.00	6	120.04 (59.92 / 61.12) -1.00
	7	Chelsea LIU / Balazs NAGY	USA	175.85	3	61.90 (33.71 / 29.19) -1.00	8	113.95 (57.40 / 58.55) -2.00
	8	Kelly Ann LAURIN / Loucas ETHIER	CAN	174.47	8	58.50 (31.29 / 27.21)	7	115.97 (60.24 / 56.73) -1.00
	9	Valentina PLAZAS / Maximiliano FERNANDEZ	USA	161.16	9	57.38 (31.01 / 27.37) -1.00	9	103.78 (54.42 / 52.36) -3.00
	10	Siyang ZHANG / Yongchao YANG	CHN	157.32	10	55.70 (30.05 / 25.65)	10	101.62 (51.46 / 50.16)
	11	Isabella GAMEZ / Aleksandr KOROVIN	PHI	142.86	12	49.79 (26.57 / 23.22)	11	93.07 (46.45 / 46.62)
	12	Yuchen WANG / Lei ZHU	CHN	139.56	11	53.66 (29.77 / 23.89)	12	85.90 (42.92 / 43.98) -1.00
Dance	1	Piper GILLES / Paul POIRIER	CAN	214.36	1	85.49 (48.21 / 37.28)	1	128.87 (72.07 / 56.80)
	2	Laurence FOURNIER BEAUDRY / Nikolaj SOERENSEN	CAN	207.54	2	82.02 (46.05 / 35.97)	2	125.52 (69.86 / 55.66)
	3	Christina CARREIRA / Anthony PONOMARENKO	USA	194.14	3	77.47 (43.13 / 34.34)	5	116.67 (64.75 / 51.92)
	4	Emilea ZINGAS / Vadym KOLESNIK	USA	193.07	4	75.76 (43.13 / 32.63)	4	117.31 (66.11 / 51.20)
	5	Marie-Jade LAURIAULT / Romain le GAC	CAN	190.83	7	71.26 (39.86 / 33.40) -2.00	3	119.57 (68.65 / 50.92)
	6	Caroline GREEN / Michael PARSONS	USA	190.53	5	75.37 (41.56 / 33.81)	6	115.16 (64.24 / 50.92)
	7	Hannah LIM / Ye QUAN	KOR	182.78	9	68.91 (39.04 / 29.87)	7	113.87 (64.79 / 49.08)
	8	Misato KOMATSUBARA / Tim KOLETO	JPN	182.70	6	71.29 (40.26 / 31.03)	8	111.41 (63.05 / 48.36)
	9	Holly HARRIS / Jason CHAN	AUS	176.34	8	69.34 (39.59 / 29.75)	9	107.00 (61.50 / 45.50)
	10	Utana YOSHIDA / Masaya MORITA	JPN	166.13	10	62.86 (34.50 / 28.36)	10	103.27 (58.79 / 44.48)
	11	Azusa TANAKA / Shingo NISHIYAMA	JPN	157.63	11	62.09 (34.79 / 27.30)	12	95.54 (53.26 / 42.28)
	12	Xizi CHEN / Jianing XING	CHN	157.57	12	61.10 (35.46 / 25.64)	11	96.47 (55.61 / 40.86)
	13	Shang SHI / Nan WU	CHN	147.28	13	55.11 (30.41 / 24.70)	13	92.17 (53.39 / 38.78)
	14	Natalia PALLU-NEVES / Jayin PANESAR	BRA	135.97	15	50.59 (28.84 / 21.75)	15	85.38 (50.38 / 35.00)
	15	India NETTE / Eron WESTWOOD	AUS	132.60	14	53.59 (30.83 / 22.76)	16	79.01 (44.87 / 34.14)
	16	Xuantong LI / Xinkang WANG	CHN	132.42	16	46.48 (24.47 / 23.01) -1.00	14	85.94 (49.46 / 36.48)

男子メダリスト（左から）2位の佐藤駿、1位の鍵山優真、3位のチャ・ジュンファン ©Manabu Takahashi

女子メダリスト（左から）2位のキム・チェヨン、1位の千葉百音、3位の渡辺倫果 ©Manabu Takahashi

ペアメダリスト（左から）2位の三浦璃来＆木原龍一、1位のステラート＝ドゥダク＆デシャン、
3位のカム＆オシェイ ©Manabu Takahashi

アイスダンスメダリスト（左から）2位のフルニエ・ボードリー＆サーレンスン、1位のギレス＆ポワリエ、
3位のカレイラ＆ポノマレンコ ©Manabu Takahashi

	Pl.	Name	Nation	Points		SP		FS
Men	1	Adam SIAO HIM FA	FRA	276.17	1	94.13 (50.15 / 43.98)	1	182.04 (97.03 / 88.01) -3.00
	2	Aleksandr SELEVKO	EST	256.99	3	90.05 (49.61 / 40.44)	3	166.94 (83.42 / 83.52)
	3	Matteo RIZZO	ITA	250.87	6	80.43 (38.97 / 41.46)	2	170.44 (87.82 / 83.62) -1.00
	4	Gabriele FRANGIPANI	ITA	246.09	4	83.51 (44.80 / 38.71)	4	162.58 (81.73 / 80.85)
	5	Lukas BRITSCHGI	SUI	242.46	2	91.17 (49.79 / 41.38)	10	151.29 (70.57 / 81.72) -1.00
	6	Deniss VASILJEVS	LAT	237.42	5	82.34 (40.17 / 42.17)	7	155.08 (71.76 / 84.32) -1.00
	7	Nika EGADZE	GEO	233.16	10	77.00 (39.72 / 37.28)	6	156.16 (82.33 / 73.83)
	8	Vladimir SAMOILOV	POL	230.17	16	71.05 (37.38 / 34.67) -1.00	5	159.12 (86.56 / 72.56)
	9	Georgii RESHTENKO	CZE	226.67	13	72.74 (40.23 / 32.51)	8	153.93 (87.14 / 67.79) -1.00
	10	Nikolaj MEMOLA	ITA	225.88	12	72.78 (37.27 / 36.51) -1.00	9	153.10 (81.43 / 72.67) -1.00
	11	Adam HAGARA	SVK	220.82	11	74.97 (40.55 / 34.42)	11	145.85 (76.85 / 69.00)
	12	Mark GORODNITSKY	ISR	217.56	9	77.50 (41.08 / 36.42)	13	140.06 (67.80 / 73.26) -1.00
	13	Nikita STAROSTIN	GER	211.85	14	71.99 (36.57 / 35.42)	14	139.86 (68.63 / 71.23)
	14	Ivan SHMURATKO	UKR	210.65	19	69.95 (35.06 / 34.89)	12	140.70 (72.31 / 68.39)
	15	Luc ECONOMIDES	FRA	210.56	7	78.59 (41.55 / 37.04)	17	131.97 (59.71 / 73.26) -1.00
	16	Vladimir LITVINTSEV	AZE	209.21	20	69.72 (35.47 / 35.25) -1.00	15	139.49 (72.93 / 67.56) -1.00
	17	Maurizio ZANDRON	AUT	202.91	22	65.47 (33.79 / 32.68) -1.00	16	137.44 (70.24 / 67.20)
	18	Tomas-Llorenc GUARINO SABATE	ESP	202.60	15	71.93 (37.45 / 34.48)	18	130.67 (60.27 / 70.40)
	19	Fedor CHITIPAKHOVIAN	ARM	197.44	21	68.51 (38.01 / 30.50)	19	128.93 (66.72 / 62.21)
	20	Makar SUNTSEV	FIN	192.75	18	70.40 (35.20 / 35.20)	20	122.35 (52.79 / 69.56)
	21	Gabriel FOLKESSON	SWE	191.67	17	70.71 (35.52 / 35.19)	21	120.96 (54.36 / 66.60)
	22	Andreas NORDEBACK	SWE	189.42	8	77.62 (40.16 / 37.46)	23	111.80 (49.34 / 66.46) -4.00
	23	Aleksandr VLASENKO	HUN	183.76	23	65.08 (35.28 / 29.80)	22	118.68 (59.34 / 59.34)
	24	Davide LEWTON BRAIN	MON	175.95	24	65.06 (34.10 / 31.96) -1.00	24	110.89 (48.98 / 62.91) -1.00
		Final Not Reached						
	25	Edward APPLEBY	GBR	63.39	25	63.39 (30.58 / 32.81)	-	
	26	Burak DEMIRBOGA	TUR	63.00	26	63.00 (31.78 / 32.22) -1.00	-	
	27	Jari KESSLER	CRO	62.44	27	62.44 (29.92 / 33.52) -1.00	-	
	28	Alexander ZLATKOV	BUL	61.94	28	61.94 (31.28 / 30.66)	-	
	29	Fedir KULISH	LAT	60.97	29	60.97 (31.74 / 30.23) -1.00	-	
	30	Mihhail SELEVKO	EST	60.09	30	60.09 (26.97 / 35.12) -2.00	-	
	31	Kevin AYMOZ	FRA	57.33	31	57.33 (19.20 / 39.13) -1.00	-	
	32	David SEDEJ	SLO	51.10	32	51.10 (23.66 / 27.44)	-	
Women	1	Loena HENDRICKX	BEL	213.25	1	74.66 (39.93 / 34.73)	1	138.59 (67.46 / 71.13)
	2	Anastasiia GUBANOVA	GEO	206.52	3	68.96 (37.57 / 31.39)	2	137.56 (70.73 / 66.83)
	3	Nina PINZARRONE	BEL	202.29	2	69.70 (38.92 / 30.78)	3	132.59 (68.40 / 64.19)
	4	Livia KAISER	SUI	194.72	4	66.31 (37.42 / 28.89)	4	128.41 (68.52 / 59.89)
	5	Lorine SCHILD	FRA	183.86	6	63.27 (35.39 / 27.88)	6	120.59 (62.15 / 58.44)
	6	Sarina JOOS	ITA	180.83	9	59.82 (31.75 / 28.07)	5	121.01 (63.13 / 57.88)
	7	Kimmy REPOND	SUI	180.82	8	60.34 (31.83 / 29.51) -1.00	7	120.48 (60.22 / 60.26)
	8	Olga MIKUTINA	AUT	173.46	5	63.71 (34.11 / 29.60)	10	109.75 (51.39 / 58.36)
	9	Julia SAUTER	ROU	168.40	10	58.59 (31.22 / 27.37)	9	109.81 (55.40 / 55.41) -1.00
	10	Lara Naki GUTMANN	ITA	166.01	16	55.68 (26.85 / 28.83)	8	110.33 (52.71 / 57.62)
	11	Josefin TALJEGARD	SWE	165.03	13	57.33 (28.50 / 28.83)	12	107.70 (50.11 / 57.59)
	12	Emmi PELTONEN	FIN	164.74	14	56.73 (27.37 / 29.36)	11	108.01 (49.38 / 58.63)
	13	Sofja STEPCENKO	LAT	157.69	21	52.53 (27.03 / 25.50)	13	105.16 (56.06 / 49.10)
	14	Nataly LANGERBAUR	EST	155.32	19	54.36 (28.33 / 26.03)	15	100.96 (50.83 / 51.13) -1.00
	15	Kristina ISAEV	GER	155.28	20	53.61 (26.83 / 26.78)	14	101.67 (50.46 / 51.21)
	16	Aleksandra GOLOVKINA	LTU	155.16	15	55.80 (29.30 / 27.50) -1.00	16	99.36 (47.02 / 54.34) -2.00
	17	Nina POVEY	GBR	154.05	17	54.78 (29.56 / 25.22)	17	99.27 (45.68 / 53.59)
	18	Alexandra FEIGIN	BUL	153.04	12	57.33 (31.67 / 25.66)	19	95.71 (47.25 / 48.46)
	19	Mariia SENIUK	ISR	152.95	18	54.53 (29.97 / 24.56)	18	98.42 (52.09 / 48.33) -2.00
	20	Anastasia GOZHVA	UKR	151.50	11	57.83 (32.41 / 25.42)	20	93.67 (44.09 / 49.58)
	21	Nella PELKONEN	FIN	150.01	7	62.60 (34.02 / 28.58)	23	87.41 (37.80 / 49.61)
	22	Alina URUSHADZE	GEO	140.66	23	50.54 (24.91 / 26.63) -1.00	21	90.12 (39.69 / 50.43)
	23	Jade HOVINE	BEL	140.38	22	51.32 (26.80 / 24.52)	22	89.06 (44.79 / 44.27)
	24	Barbora VRANKOVA	CZE	116.90	24	50.08 (25.76 / 24.32)	24	66.82 (25.80 / 43.02) -2.00
		Final Not Reached						
	25	Ekaterina KURAKOVA	POL	49.57	25	49.57 (23.31 / 28.26) -2.00	-	
	26	Mia RISA GOMEZ	NOR	48.65	26	48.65 (26.57 / 23.08) -1.00	-	
	27	Kristina LISOVSKAJA	EST	47.94	27	47.94 (22.81 / 25.13)	-	
	28	Regina SCHERMANN	HUN	45.50	28	45.50 (24.35 / 21.15)	-	
	29	Vanesa SELMEKOVA	SVK	44.24	29	44.24 (22.29 / 21.95)	-	
	30	Julija LOVRENCIC	SLO	41.52	30	41.52 (23.19 / 20.33) -2.00	-	
	31	Antonina DUBININA	SRB	41.28	31	41.28 (19.37 / 21.91)	-	
	32	Laura SZCZESNA	POL	40.03	32	40.03 (19.37 / 20.66)	-	
	33	Ana Sofia BESCHEA	ROU	37.52	33	37.52 (18.52 / 19.00)	-	
Pairs	1	Lucrezia BECCARI / Matteo GUARISE	ITA	199.19	3	67.05 (36.61 / 30.44)	1	132.14 (69.09 / 63.05)
	2	Anastasiia METELKINA / Luka BERULAVA	GEO	196.14	1	71.30 (40.27 / 31.03)	5	124.84 (64.73 / 61.11) -1.00
	3	Rebecca GHILARDI / Filippo AMBROSINI	ITA	195.68	5	64.87 (33.76 / 31.11)	2	130.81 (66.73 / 64.08)
	4	Maria PAVLOVA / Alexei SVIATCHENKO	HUN	194.02	4	65.29 (36.03 / 29.26)	3	128.73 (69.89 / 58.84)
	5	Minerva Fabienne HASE / Nikita VOLODIN	GER	190.69	2	69.63 (37.85 / 31.78)	6	121.06 (61.02 / 61.04) -1.00
	6	Sara CONTI / Niccolo MACII	ITA	187.25	7	61.52 (30.87 / 30.65)	4	125.73 (63.38 / 62.35)
	7	Annika HOCKE / Robert KUNKEL	GER	177.75	6	62.52 (32.84 / 29.68)	7	115.23 (56.77 / 58.46)
	8	Daria DANILOVA / Michel TSIBA	NED	167.32	10	53.95 (27.68 / 26.27)	8	113.37 (60.92 / 52.45)
	9	Anastasia VAIPAN-LAW / Luke DIGBY	GBR	159.01	8	56.79 (30.82 / 25.97)	9	102.22 (49.56 / 52.66)
	10	Ioulia CHTCHETININA / Michal WOZNIAK	POL	154.91	11	53.61 (28.72 / 24.89)	11	101.30 (51.17 / 51.13) -1.00
	11	Sofiia HOLICHENKO / Artem DARENSKYI	UKR	154.37	12	52.95 (28.93 / 24.02)	10	101.42 (51.94 / 49.48)
	12	Oceane PIEGAD / Denys STREKALIN	FRA	148.51	9	54.06 (29.51 / 25.55) -1.00	12	94.45 (46.88 / 47.57)
	13	Barbora KUCIANOVA / Martin BIDAR	CZE	144.63	13	52.49 (28.27 / 24.22)	14	92.14 (47.45 / 45.69) -1.00
	14	Milania VAANANEN / Filippo CLERICI	FIN	142.27	16	48.23 (25.43 / 23.80) -1.00	13	94.04 (49.65 / 45.39) -1.00
	15	Lydia SMART / Harry MATTICK	GBR	140.46	14	51.60 (26.56 / 25.04)	15	88.86 (42.62 / 48.24) -2.00
		Withdrawn						
	-	Camille KOVALEV / Pavel KOVALEV	FRA	50.90	15	50.90 (26.20 / 26.70) -2.00	-	
		Final Not Reached						
	17	Greta CRAFOORD / John CRAFOORD	SWE	42.66	17	42.66 (20.58 / 23.08) -1.00	-	
	18	Sophia SCHALLER / Livio MAYR	AUT	42.57	18	42.57 (20.82 / 22.75) -1.00	-	

	Pl.	Name	Nation	Points		RD		FD
Dance	1	Charlene GUIGNARD / Marco FABBRI	ITA	214.38	1	86.80 (49.41 / 37.39)	1	127.58 (71.16 / 56.42)
	2	Lilah FEAR / Lewis GIBSON	GBR	210.82	2	85.20 (48.49 / 36.71)	2	125.62 (69.98 / 55.64)
	3	Allison REED / Saulius AMBRULEVICIUS	LTU	203.37	3	80.73 (45.86 / 34.87)	3	122.64 (68.78 / 53.86)
	4	Evgeniia LOPAREVA / Geoffrey BRISSAUD	FRA	197.17	4	78.47 (44.76 / 33.71)	4	118.70 (66.78 / 51.92)
	5	Loicia DEMOUGEOT / Theo le MERCIER	FRA	192.15	8	75.69 (43.10 / 32.59)	5	116.46 (66.60 / 49.86)
	6	Juulia TURKKILA / Matthias VERSLUIS	FIN	192.08	6	76.36 (42.77 / 33.59)	6	115.72 (65.72 / 51.00) -1.00
	7	Natalie TASCHLEROVA / Filip TASCHLER	CZE	191.55	5	76.68 (43.37 / 33.31)	7	114.87 (63.99 / 50.88)
	8	Diana DAVIS / Gleb SMOLKIN	GEO	189.46	7	76.33 (43.08 / 33.25)	8	113.13 (62.75 / 50.38)
	9	Katerina MRAZKOVA / Daniel MRAZEK	CZE	182.33	9	75.19 (42.98 / 32.21)	11	107.14 (59.50 / 47.64)
	10	Yuka ORIHARA / Juho PIRINEN	FIN	179.71	10	68.59 (38.37 / 30.22)	9	111.12 (62.82 / 48.30)
	11	Jennifer JANSE van RENSBURG / Benjamin STEFFAN	GER	178.78	11	68.37 (37.21 / 31.16)	10	110.41 (62.13 / 48.28)
	12	Marie DUPAYAGE / Thomas NABAIS	FRA	170.98	13	65.15 (36.64 / 29.51) -1.00	12	105.83 (60.47 / 45.36)
	13	Carolane SOUCISSE / Shane FIRUS	IRL	168.19	12	66.69 (37.70 / 28.99)	13	101.50 (56.86 / 44.64)
	14	Mariia HOLUBTSOVA / Kyryl BIELOBROV	UKR	163.64	14	62.40 (34.76 / 27.64)	14	101.24 (56.80 / 44.44)
	15	Victoria MANNI / Carlo ROETHLISBERGER	ITA	163.09	15	62.26 (33.85 / 28.41)	15	100.83 (56.41 / 44.42)
	16	Paulina RAMANAUSKAITE / Deividas KIZALA	LTU	154.85	20	60.76 (33.36 / 27.40)	16	94.09 (51.67 / 42.42)
	17	Phebe BEKKER / James HERNANDEZ	GBR	154.75	19	61.19 (33.41 / 28.78) -1.00	17	93.56 (50.92 / 43.64) -1.00
	18	Mariia PINCHUK / Mykyta POGORIELOV	UKR	153.58	17	61.42 (33.20 / 28.22)	18	92.16 (51.08 / 41.08)
	19	Mariia NOSOVITSKAYA / Mikhail NOSOVITSKIY	ISR	147.67	16	61.72 (34.70 / 27.02)	19	85.95 (48.31 / 40.64) -3.00
	20	Solene MAZINGUE / Marko Jevgeni GAIDAJENKO	EST	144.74	18	61.38 (34.31 / 27.07)	20	83.36 (42.16 / 41.20)
		Final Not Reached						
	21	Charise MATTHAEI / Max LIEBERS	GER	59.74	21	59.74 (34.62 / 26.12) -1.00	-	
	22	Leia DOZZI / Pietro PAPETTI	ITA	58.71	22	58.71 (32.96 / 25.75)	-	
	23	Sofia VAL / Asaf KAZIMOV	ESP	58.04	23	58.04 (32.01 / 26.03)	-	
	24	Maria Sofia PUCHEROVA / Nikita LYSAK	SVK	56.09	24	56.09 (31.12 / 25.97) -1.00	-	
	25	Mariia IGNATEVA / Danijil Leonyidovics SZEMKO	HUN	55.04	25	55.04 (29.44 / 27.60) -2.00	-	
	26	Sofiia DOVHAL / Wiktor KULESZA	POL	54.96	26	54.96 (31.02 / 23.94)	-	
	27	Milla Ruud REITAN / Nikolaj MAJOROV	SWE	54.89	27	54.89 (29.90 / 24.99)	-	
	28	Layla KARNES / Liam CARR	GBR	54.10	28	54.10 (30.39 / 23.71)	-	
	29	Hanna JAKUCS / Alessio GALLI	NED	53.51	29	53.51 (31.09 / 22.42)	-	
	30	Lucy HANCOCK / Ilias FOURATI	HUN	53.47	30	53.47 (29.48 / 23.99)	-	
	31	Arianna SASSI / Luca MORINI	SUI	53.06	31	53.06 (30.27 / 22.79)	-	
	32	Adrienne CARHART / Oleksandr KOLOSOVSKYI	AZE	49.53	32	49.53 (26.30 / 23.23)	-	
	33	Olivia Josephine SHILLING / Leo BAETEN	BEL	47.51	33	47.51 (26.50 / 21.01)	-	

男子メダリスト（左から）2位のアレクサンドル・セレフコ、1位のアダム・シャオイムファ、3位のマッテオ・リッツォ
©Joluskating

女子メダリスト（左から）2位のアナスタシア・グバノワ、1位のルナ・ヘンドリックス、3位のニナ・ピンザローネ
©Joluskating

ペアメダリスト（左から）2位のメテルキナ＆ベルラワ、1位のベッカリー＆グアリーゼ、
3位のギラルディ＆アンブロジーニ ©Joluskating

アイスダンスメダリスト（左から）2位のフィアー＆ギブソン、1位のギナール＆ファッブリ、
3位のリード＆アンブルレヴィチウス ©Joluskating

ISU Grand Prix Final 2023
グランプリファイナル Dec.7-10, 2023　中国・北京

	Pl.	Name	Nation	Points		SP/RD		FS/FD
Men	1	Ilia MALININ	USA	314.66	1	106.90 (62.53 / 44.37)	1	207.76 (121.49 / 87.27) -1.00
	2	Shoma UNO	JPN	297.34	2	106.02 (58.91 / 47.11)	2	191.32 (98.95 / 93.37) -1.00
	3	Yuma KAGIYAMA	JPN	288.65	3	103.72 (58.09 / 45.63)	4	184.93 (93.12 / 91.81)
	4	Adam SIAO HIM FA	FRA	278.28	6	88.36 (43.53 / 44.83)	3	189.92 (102.55 / 88.37) -1.00
	5	Kao MIURA	JPN	261.53	4	94.86 (51.67 / 43.19)	5	166.67 (82.82 / 83.85)
	6	Kevin AYMOZ	FRA	219.91	5	93.20 (47.70 / 45.50)	6	126.71 (50.42 / 80.29) -4.00
Women	1	Kaori SAKAMOTO	JPN	225.70	1	77.35 (41.16 / 36.19)	1	148.35 (75.04 / 73.31)
	2	Loena HENDRICKX	BEL	203.36	2	73.25 (38.34 / 34.91)	4	130.11 (61.73 / 68.38)
	3	Hana YOSHIDA	JPN	203.16	4	60.65 (32.73 / 29.92) -2.00	2	142.51 (78.14 / 64.37)
	4	Nina PINZARRONE	BEL	194.91	3	66.72 (36.10 / 30.62)	5	128.19 (67.18 / 61.01)
	5	Isabeau LEVITO	USA	191.86	6	56.53 (24.23 / 32.30)	3	135.33 (68.42 / 66.91)
	6	Rion SUMIYOSHI	JPN	180.39	5	58.63 (28.41 / 30.22)	6	121.76 (60.80 / 60.96)
Pairs	1	Minerva Fabienne HASE / Nikita VOLODIN	GER	206.43	1	72.56 (40.03 / 32.53)	2	133.87 (70.08 / 63.79)
	2	Sara CONTI / Niccolo MACII	ITA	205.88	3	70.30 (38.23 / 32.07)	1	135.58 (69.77 / 65.81)
	3	Deanna STELLATO-DUDEK / Maxime DESCHAMPS	CAN	204.30	2	71.22 (38.54 / 32.68)	3	133.08 (66.71 / 66.37)
	4	Maria PAVLOVA / Alexei SVIATCHENKO	HUN	192.02	4	65.51 (36.96 / 28.55)	5	126.51 (67.50 / 59.01)
	5	Rebecca GHILARDI / Filippo AMBROSINI	ITA	188.85	5	61.91 (32.83 / 29.08)	4	126.94 (66.19 / 60.75)
	6	Lia PEREIRA / Trennt MICHAUD	CAN	185.16	6	61.78 (32.85 / 29.93) -1.00	6	123.38 (63.49 / 59.89)
Dance	1	Madison CHOCK / Evan BATES	USA	221.61	1	89.15 (51.06 / 38.09)	1	132.46 (74.74 / 57.72)
	2	Charlene GUIGNARD / Marco FABBRI	ITA	215.51	2	85.82 (48.52 / 37.30)	2	129.69 (72.93 / 56.76)
	3	Piper GILLES / Paul POIRIER	CAN	213.58	3	85.17 (47.84 / 37.33)	3	128.41 (71.91 / 56.50)
	4	Lilah FEAR / Lewis GIBSON	GBR	202.27	4	76.24 (40.51 / 35.73)	4	126.03 (70.67 / 55.36)
	5	Laurence FOURNIER BEAUDRY / Nikolaj SOERENSEN	CAN	195.57	5	74.82 (39.82 / 35.00)	5	120.75 (66.61 / 54.14)
	6	Marjorie LAJOIE / Zachary LAGHA	CAN	193.63	6	74.74 (40.45 / 34.29)	6	118.89 (66.59 / 52.30)

男子メダリスト（左から）2位の宇野昌磨、1位のイリア・マリニン、3位の鍵山優真 ©Nobuaki Tanaka/Shutterz

女子メダリスト（左から）2位のルナ・ヘンドリックス、1位の坂本花織、3位の吉田陽菜
©Nobuaki Tanaka/Shutterz

ペアメダリスト（左から）2位のコンティ＆マチイ、1位のハーゼ＆ボロジン、
3位のステラート＝ドゥダク＆デシャン ©Nobuaki Tanaka/Shutterz

アイスダンスメダリスト（左から）2位のギナール＆ファッブリ、1位のチョック＆ベイツ、3位のギレス＆ポワリエ
©Nobuaki Tanaka/Shutterz

ISU GP NHK Trophy 2023

NHK杯 Nov.24-26, 2023　大阪・門真市

	Pl.	Name	Nation	Points		SP / RD		FS / FD
Men	1	Yuma KAGIYAMA	JPN	288.39	1	105.51 (59.75 / 45.76)	2	182.88 (93.27 / 90.61) -1.00
	2	Shoma UNO	JPN	286.55	2	100.20 (53.21 / 46.99)	1	186.35 (94.94 / 92.41) -1.00
	3	Lukas BRITSCHGI	SUI	254.60	3	86.42 (45.02 / 41.40)	3	168.18 (85.66 / 82.52)
	4	Nika EGADZE	GEO	237.34	7	81.30 (44.15 / 37.15)	4	156.04 (83.41 / 73.63) -1.00
	5	Camden PULKINEN	USA	229.32	4	86.40 (47.10 / 39.30)	5	142.92 (67.43 / 75.49)
	6	Gabriele FRANGIPANI	ITA	227.15	8	78.20 (41.25 / 37.95) -1.00	6	148.95 (74.39 / 74.56)
	7	Deniss VASILJEVS	LAT	221.95	5	82.14 (40.74 / 42.40) -1.00	9	139.81 (58.62 / 82.19) -1.00
	8	Aleksandr SELEVKO	EST	221.43	9	75.85 (39.15 / 37.70) -1.00	7	145.58 (70.75 / 74.83)
	9	Tatsuya TSUBOI	JPN	216.62	12	64.63 (30.44 / 35.19) -1.00	5	151.99 (82.10 / 70.89) -1.00
	10	Luc ECONOMIDES	FRA	211.12	10	74.24 (38.03 / 36.21)	11	136.88 (62.19 / 74.69)
	11	Wesley CHIU	CAN	209.16	11	72.02 (36.81 / 36.21) -1.00	10	137.14 (68.08 / 70.06) -1.00
	12	Mihhail SELEVKO	EST	207.58	6	81.31 (44.15 / 37.16)	12	126.27 (55.70 / 72.57) -2.00
Women	1	Ava Marie ZIEGLER	USA	200.50	5	62.04 (32.19 / 29.85)	1	138.46 (74.97 / 63.49)
	2	Lindsay THORNGREN	USA	198.73	1	68.93 (38.74 / 31.19) -1.00	3	129.80 (68.01 / 63.79) -2.00
	3	Nina PINZARRONE	BEL	194.66	2	63.44 (33.28 / 30.16)	2	131.22 (67.54 / 63.68)
	4	Haein LEE	KOR	188.95	3	62.93 (30.30 / 32.63)	6	126.02 (60.15 / 65.87)
	5	Yuna AOKI	JPN	184.46	8	58.28 (29.68 / 28.60)	5	126.18 (63.59 / 62.59)
	6	Anastasiia GUBANOVA	GEO	184.32	10	55.80 (25.30 / 30.50)	4	128.52 (66.81 / 61.71)
	7	Yelim KIM	KOR	183.19	7	59.33 (26.99 / 32.34)	7	123.86 (61.53 / 63.33) -1.00
	8	Mai MIHARA	JPN	172.64	4	62.82 (30.00 / 32.82)	9	109.82 (48.93 / 61.89) -1.00
	9	Wakaba HIGUCHI	JPN	165.69	11	52.18 (23.16 / 30.02) -1.00	8	113.51 (56.96 / 58.55) -2.00
	10	Seoyeong WI	KOR	158.15	6	60.63 (33.18 / 27.45)	11	97.52 (42.11 / 55.41)
	11	Lea SERNA	FRA	156.04	9	56.85 (28.68 / 28.17)	10	99.19 (46.24 / 54.95) -2.00
	12	Lindsay VAN ZUNDERT	NED	125.82	12	43.46 (18.73 / 25.73) -1.00	12	82.36 (36.67 / 47.69) -2.00
Pairs	1	Minerva Fabienne HASE / Nikita VOLODIN	GER	202.51	1	67.23 (36.68 / 30.55)	1	135.28 (70.73 / 64.55)
	2	Lucrezia BECCARI / Matteo GUARISE	ITA	190.31	2	66.77 (36.42 / 30.35)	2	123.54 (61.94 / 61.60)
	3	Rebecca GHILARDI / Filippo AMBROSINI	ITA	186.47	4	62.98 (32.58 / 30.40)	3	123.49 (63.71 / 59.78)
	4	Anastasia GOLUBEVA / Hektor GIOTOPOULOS MOORE	AUS	185.39	3	64.61 (35.12 / 29.49)	4	120.78 (60.89 / 59.89)
	5	Daria DANILOVA / Michel TSIBA	NED	177.54	6	58.61 (31.25 / 27.36)	5	118.93 (64.71 / 55.22) -1.00
	6	Chelsea LIU / Balazs NAGY	USA	172.60	5	61.23 (32.55 / 28.68)	7	111.37 (56.63 / 56.74) -2.00
	7	Kelly Ann LAURIN / Loucas ETHIER	CAN	160.79	7	49.18 (25.67 / 25.51) -2.00	6	111.61 (59.63 / 51.98)
	8	Yuna NAGAOKA / Sumitada MORIGUCHI	JPN	135.39	8	45.36 (21.76 / 24.60) -1.00	8	90.03 (43.87 / 46.16)
Dance	1	Lilah FEAR / Lewis GIBSON	GBR	215.19	2	84.93 (48.44 / 36.49)	1	130.26 (73.98 / 56.28)
	2	Charlene GUIGNARD / Marco FABBRI	ITA	214.56	1	85.27 (47.99 / 37.28)	2	129.29 (72.87 / 56.42)
	3	Allison REED / Saulius AMBRULEVICIUS	LTU	196.86	3	78.71 (44.52 / 34.19)	3	118.15 (65.79 / 52.36)
	4	Juulia TURKKILA / Matthias VERSLUIS	FIN	191.01	4	74.66 (41.89 / 33.77) -1.00	4	116.35 (64.99 / 51.36)
	5	Loicia DEMOUGEOT / Theo LE MERCIER	FRA	187.76	5	73.58 (41.56 / 32.02)	5	114.18 (64.68 / 49.50)
	6	Emily BRATTI / Ian SOMERVILLE	USA	183.43	6	71.47 (39.97 / 31.50)	6	111.96 (63.04 / 48.92)
	7	Marie-Jade LAURIAULT / Romain LE GAC	CAN	176.26	7	71.35 (39.81 / 31.54)	7	104.91 (59.13 / 46.78) -1.00
	8	Lorraine MCNAMARA / Anton SPIRIDONOV	USA	167.84	8	65.65 (36.00 / 29.65)	9	102.19 (57.27 / 44.92)
	9	Misato KOMATSUBARA / Tim KOLETO	JPN	167.61	9	64.12 (35.57 / 29.55) -1.00	8	103.49 (58.07 / 45.42)

男子メダリスト（左から）2位の宇野昌磨、1位の鍵山優真、3位のルーカス・ブリッチギー
©Kiyoshi Sakamoto

女子メダリスト（左から）2位のソーングレン、1位のジーグラー、3位のピンザローネ　©Kiyoshi Sakamoto

ペアメダリスト（左から）2位のベッカリー＆グアリーゼ、1位のハーゼ＆ボロジン、
3位のギラルディ＆アンブロジーニ　©Kiyoshi Sakamoto

アイスダンスメダリスト（左から）2位のギナール＆ファッブリ、1位のフィアー＆ギブソン、
3位のリード＆アンブルレヴィチウス　©Kiyoshi Sakamoto

ISU GP Grand Prix Espoo 2023
ISU エスポー・グランプリ　Nov.17-19, 2023　フィンランド・エスポー

	Pl.	Name	Nation	Points		SP/RD		FS/FD
Men	1	Kao MIURA	JPN	274.56	1	93.54 (51.79 / 41.75)	2	181.02 (96.80 / 84.22)
	2	Shun SATO	JPN	273.34	2	90.41 (49.54 / 40.87)	1	182.93 (100.61 / 82.32)
	3	Kevin AYMOZ	FRA	250.03	5	73.94 (31.05 / 42.89)	3	176.09 (85.58 / 90.51)
	4	Matteo RIZZO	ITA	241.47	6	73.37 (34.18 / 40.19) -1.00	4	168.10 (84.28 / 83.82)
	5	Nikolaj MEMOLA	ITA	221.25	7	72.11 (36.49 / 36.62) -1.00	5	149.14 (77.34 / 72.80) -1.00
	6	Koshiro SHIMADA	JPN	218.44	4	77.81 (40.66 / 37.15)	6	140.63 (65.08 / 76.55) -1.00
	7	Nikita STAROSTIN	GER	201.15	8	71.99 (38.65 / 33.34)	9	129.16 (63.07 / 67.09) -1.00
	8	Ivan SHMURATKO	UKR	200.67	10	66.30 (32.77 / 34.53) -1.00	7	134.37 (63.11 / 71.26)
	9	Liam KAPEIKIS	USA	196.94	9	69.10 (36.00 / 34.10) -1.00	10	127.84 (61.14 / 67.70) -1.00
	10	Arlet LEVANDI	EST	195.83	11	61.82 (27.10 / 35.72) -1.00	8	134.01 (64.79 / 69.22)
	11	Jimmy MA	USA	191.26	3	80.19 (43.45 / 36.74)	11	111.07 (43.81 / 68.26) -1.00
	12	Makar SUNTSEV	FIN	162.00	12	54.44 (26.71 / 31.73) -4.00	12	107.56 (45.55 / 63.01) -1.00
Women	1	Kaori SAKAMOTO	JPN	205.21	1	69.69 (34.84 / 34.85)	1	135.52 (67.79 / 68.73) -1.00
	2	Rion SUMIYOSHI	JPN	190.21	2	68.65 (38.16 / 30.49)	3	121.56 (60.30 / 62.26) -1.00
	3	Amber GLENN	USA	185.39	11	51.61 (22.68 / 28.93)	2	133.78 (70.63 / 63.15)
	4	Chaeyeon KIM	KOR	181.42	3	66.19 (35.00 / 31.19)	4	115.23 (54.42 / 61.81) -1.00
	5	Lorine SCHILD	FRA	175.71	5	61.07 (34.48 / 26.59)	6	114.64 (61.91 / 54.73) -2.00
	6	Nella PELKONEN	FIN	172.88	8	58.12 (32.41 / 25.71)	5	114.76 (59.24 / 55.52)
	7	Lara Naki GUTMANN	ITA	168.33	7	58.24 (28.94 / 29.30)	8	110.09 (53.54 / 56.55)
	8	Young YOU	KOR	168.14	4	63.46 (33.35 / 30.11)	9	104.68 (47.38 / 59.30) -2.00
	9	Mana KAWABE	JPN	161.00	12	50.12 (23.63 / 28.49) -2.00	7	110.88 (54.40 / 56.48)
	10	Starr ANDREWS	USA	154.42	9	57.36 (28.66 / 28.70)	10	97.06 (45.36 / 53.70) -2.00
	11	Janna JYRKINEN	FIN	153.74	6	58.63 (32.84 / 25.79)	11	95.11 (45.94 / 50.17) -1.00
	12	Oona OUNASVUORI	FIN	144.16	10	54.21 (30.51 / 24.70) -1.00	12	89.95 (41.88 / 50.07) -2.00
Pairs	1	Minerva Fabienne HASE / Nikita VOLODIN	GER	192.72	3	63.59 (34.47 / 30.12) -1.00	1	129.13 (65.46 / 63.67)
	2	Sara CONTI / Niccolo MACII	ITA	188.60	2	65.00 (33.41 / 31.59)	3	123.60 (60.01 / 64.59) -1.00
	3	Maria PAVLOVA / Alexei SVIATCHENKO	HUN	186.19	4	61.53 (33.31 / 28.22)	2	124.66 (66.73 / 58.93) -1.00
	4	Cheng PENG / Lei WANG	CHN	186.16	1	65.25 (35.62 / 29.63)	4	120.91 (57.39 / 63.52)
	5	Camille KOVALEV / Pavel KOVALEV	FRA	152.54	7	55.45 (27.85 / 27.60)	5	97.09 (45.12 / 51.97)
	6	Ellie KAM / Danny O'SHEA	USA	152.16	5	55.99 (27.93 / 29.06) -1.00	6	96.17 (44.65 / 54.52) -3.00
	7	Brooke McINTOSH / Benjamin MIMAR	CAN	147.27	6	56.61 (31.03 / 26.58) -1.00	8	90.66 (42.41 / 52.25) -4.00
	8	Milania VAANANEN / Filippo CLERICI	FIN	142.69	8	48.56 (24.38 / 25.18) -1.00	7	94.13 (47.51 / 48.62) -2.00
Dance	1	Madison CHOCK / Evan BATES	USA	209.46	1	85.61 (48.73 / 36.88)	1	123.85 (67.99 / 55.86)
	2	Laurence FOURNIER BEAUDRY / Nikolaj SOERENSEN	CAN	206.32	2	82.62 (46.80 / 35.82)	2	123.70 (69.06 / 54.64)
	3	Juulia TURKKILA / Matthias VERSLUIS	FIN	195.80	3	77.65 (43.81 / 33.84)	3	118.15 (65.95 / 52.20)
	4	Christina CARREIRA / Anthony PONOMARENKO	USA	188.76	4	74.58 (42.51 / 32.07)	4	114.18 (63.60 / 50.58)
	5	Emilea ZINGAS / Vadym KOLESNIK	USA	183.78	5	72.13 (40.32 / 31.81)	5	111.65 (62.57 / 49.08)
	6	Yuka ORIHARA / Juho PIRINEN	FIN	176.73	7	69.52 (39.32 / 30.20)	6	107.21 (59.99 / 47.22)
	7	Katerina MRAZKOVA / Daniel MRAZEK	CZE	172.58	6	70.59 (39.69 / 30.90)	7	101.99 (55.43 / 46.56)
	8	Nadiia BASHYNSKA / Peter BEAUMONT	CAN	167.87	8	67.68 (38.22 / 29.46)	8	100.19 (55.25 / 44.94)
	9	Jennifer JANSE van RENSBURG / Benjamin STEFFAN	GER	164.55	9	65.53 (35.69 / 29.84)	9	99.02 (54.66 / 44.36)
	10	Mariia IGNATEVA / Danijil Leonyidovics SZEMKO	HUN	147.40	10	57.57 (30.73 / 26.84)	10	89.83 (49.77 / 40.06)

男子メダリスト（左から）2位の佐藤駿、1位の三浦佳生、3位のケヴィン・エイモズ ©Joluskating

女子メダリスト（左から）2位の住吉りをん、1位の坂本花織、3位のアンバー・グレン ©Joluskating

ペアメダリスト（左から）2位のコンティ＆マチイ、1位のハーゼ＆ボロジン、
3位のパヴロワ＆スヴィアチェンコ ©Joluskating

アイスダンスメダリスト（左から）2位のフルニエ・ボードリー＆サーレンスン、1位のチョック＆ベイツ、
3位のトゥルッキラ＆ヴェルスルイス ©Joluskating

ISU CS WARSAW CUP 2023
ワルシャワ・カップ2023 Nov.16-19, 2023 ポーランド・ワルシャワ

	Pl.	Name	Nation	Points		SP/RD		FS/FD
Men	1	Lukas BRITSCHGI	SUI	246.22	1	91.51 (50.93 / 40.58)	3	154.71 (74.29 / 81.42) -1.00
	2	Mark GORODNITSKY	ISR	243.29	2	82.06 (43.64 / 38.42)	1	161.23 (83.31 / 77.92)
	3	Jason BROWN	USA	236.75	4	78.48 (35.64 / 42.84)	2	158.27 (69.85 / 88.42)
Women	1	Ekaterina KURAKOVA	POL	181.71	6	57.45 (29.45 / 28.00)	1	124.26 (64.19 / 60.07)
	2	Anna PEZZETTA	ITA	179.58	2	61.25 (32.45 / 28.80)	2	118.33 (59.85 / 58.48)
	3	Elyce LIN-GRACEY	USA	177.50	4	59.85 (31.86 / 27.99)	3	117.65 (60.65 / 57.00)
Pairs	1	Anastasiia METELKINA / Luka BERULAVA	GEO	204.01	1	66.93 (36.57 / 30.36)	1	137.08 (74.18 / 62.90)
	2	Anastasia VAIPAN-LAW / Luke DIGBY	GBR	164.34	2	61.84 (34.16 / 27.68)	3	102.50 (49.75 / 52.75)
	3	Ioulia CHTCHETININA / Michal WOZNIAK	POL	153.02	4	47.62 (25.84 / 23.78) -2.00	2	105.40 (54.85 / 50.55)
Dance	1	Evgeniia LOPAREVA / Geoffrey BRISSAUD	FRA	196.56	1	77.94 (43.96 / 33.98)	1	118.62 (67.02 / 51.60)
	2	Hannah LIM / Ye QUAN	KOR	187.10	2	73.76 (42.77 / 30.99)	2	113.34 (65.34 / 48.00)
	3	Marie DUPAYAGE / Thomas NABAIS	FRA	179.05	3	72.18 (41.66 / 30.52)	3	106.87 (60.47 / 46.40)

ISU CS 55th Golden Spin
ゴールデンスピン2022 Dec.6-9, 2023 クロアチア・ザグレブ

	Pl.	Name	Nation	Points		SP/RD		FS/FD
Men	1	Boyang JIN	CHN	258.67	1	91.25 (51.00 / 40.25)	1	167.42 (85.34 / 82.08)
	2	Mikhail SHAIDOROV	KAZ	235.29	3	82.82 (45.41 / 37.41)	2	152.47 (78.21 / 74.26)
	3	Aleksandr SELEVKO	EST	224.24	2	83.58 (45.42 / 38.16)	3	140.66 (64.91 / 76.75) -1.00
Women	1	Sarina JOOS	ITA	179.40	1	63.59 (36.73 / 26.86)	1	115.81 (60.54 / 55.27)
	2	Amber GLENN	USA	177.51	2	63.09 (31.97 / 31.12)	2	114.42 (53.01 / 61.41)
	3	Starr ANDREWS	USA	165.55	6	53.98 (27.52 / 27.46) -1.00	3	111.57 (54.17 / 57.40)
Pairs	1	Milania VAANANEN / Filippo CLERICI	FIN	172.31	1	60.95 (34.35 / 26.60)	1	111.36 (57.82 / 53.54)
	2	Valentina PLAZAS / Maximiliano FERNANDEZ	USA	168.14	2	58.11 (32.04 / 27.07) -1.00	2	110.03 (56.09 / 55.94) -2.00
	3	Sofiia HOLICHENKO / Artem DARENSKYI	UKR	162.17	3	55.92 (31.58 / 24.34)	3	106.25 (54.59 / 51.66)
Dance	1	Allison REED / Saulius AMBRULEVICIUS	LTU	200.11	1	81.19 (45.94 / 35.25)	1	118.92 (65.92 / 53.00)
	2	Emilea ZINGAS / Vadym KOLESNIK	USA	183.32	2	78.23 (45.04 / 33.19)	3	105.09 (57.39 / 48.70) -1.00
	3	Isabella FLORES / Ivan DESYATOV	USA	180.62	3	72.47 (40.88 / 31.59)	2	108.15 (60.85 / 48.30) -1.00
	5	Utana YOSHIDA / Masaya MORITA	JPN	164.20	7	62.88 (35.68 / 27.20)	5	101.32 (57.72 / 43.60)
	9	Azusa TANAKA / Shingo NISHIYAMA	JPN	158.69	10	61.86 (35.13 / 26.73)	9	96.83 (54.93 / 41.90)

*チャレンジャーシリーズは、メダリストと日本選手を掲載。

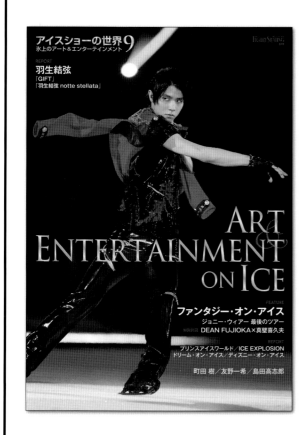

アイスショーの世界9
氷上のアート＆エンターテインメント

REPORT
羽生結弦
GIFT ／羽生結弦notte stellata

REPORT
ファンタジー・オン・アイス
ジョニー・ウィアー 最後のツアー
特別対談 DEAN FUJIOKA×真壁喜久夫

REPORT
プリンスアイスワールド
ICE EXPLOSION
ドリーム・オン・アイス
ディズニー・オン・アイス

INTERVIEW
町田 樹／友野一希／島田高志郎

表紙：羽生結弦／ A4 判／定価 2,400 円

新書館

Japan National Championships 2023
第92回 全日本選手権 Dec. 21-24, 2023 長野・長野市

	Pl.	Name	Points		SP / RD		FS / FD
Men	1	宇野昌磨 (トヨタ自動車)	298.04	1	104.69 (57.14 / 47.55)	2	193.35 (98.81 / 94.54)
	2	鍵山優真 (オリエンタルバイオ／中京大学)	292.10	3	93.94 (50.31 / 44.63) -1.00	1	198.16 (105.51 / 92.65)
	3	山本草太 (中京大学)	287.00	2	94.58 (53.19 / 41.39)	3	192.42 (107.04 / 85.38)
	4	三浦佳生 (オリエンタルバイオ／目黒日大高)	280.08	4	93.91 (52.22 / 41.69)	4	186.17 (100.29 / 85.88)
	5	佐藤駿 (エームサービス／明治大学)	273.04	5	89.80 (48.42 / 41.38)	6	183.24 (98.32 / 84.92)
	6	友野一希 (上野芝スケートクラブ)	271.52	6	86.88 (45.36 / 41.52)	5	184.64 (99.49 / 85.15)
	7	壷井達也 (シスメックス)	252.34	7	85.85 (46.78 / 39.07)	7	166.49 (87.74 / 78.75)
	8	吉岡希 (法政大学)	249.38	8	85.27 (48.04 / 37.23)	8	164.11 (87.51 / 76.60)
	9	三宅星南 (関空スケート)	226.12	10	77.16 (39.81 / 38.35) -1.00	9	148.96 (72.61 / 76.35)
	10	本田ルーカス剛史 (木下アカデミー)	217.62	14	73.58 (38.02 / 35.56)	10	144.04 (72.47 / 71.57)
	11	島田高志郎 (木下グループ)	215.97	11	76.57 (37.26 / 40.31) -1.00	12	139.40 (64.68 / 75.72) -1.00
	12	片伊勢武 アミン (関西大学)	212.26	18	70.41 (35.69 / 35.72) -1.00	11	141.85 (68.91 / 72.94)
	13	佐々木晴也 (京都大学)	208.87	17	70.88 (37.11 / 33.77)	13	137.99 (69.15 / 68.84)
	14	中村俊介 (木下アカデミー)	207.70	9	80.16 (44.21 / 35.95)	19	127.54 (59.71 / 69.83) -2.00
	15	櫛田一樹 (倉敷FSC)	204.27	12	75.54 (40.07 / 35.47)	18	128.73 (59.06 / 70.67) -1.00
	16	杉山匠海 (岡山大学)	202.64	15	71.68 (39.43 / 32.25)	16	130.96 (63.40 / 67.56)
	17	中田璃士 (TOKIOインカラミ)	200.27	16	71.45 (37.04 / 34.41)	17	128.82 (61.53 / 67.29)
	18	垣内珀琉 (ひょうご西宮FSC)	196.30	21	64.58 (33.43 / 32.15) -1.00	14	131.72 (67.05 / 64.67)
	19	蛯原大弥 (明治神宮外苑FSC)	192.96	24	61.85 (32.33 / 30.52) -1.00	15	131.11 (69.73 / 61.38)
	20	高橋星名 (木下アカデミー)	191.77	19	68.28 (37.92 / 30.36)	22	123.49 (62.84 / 61.65) -1.00
	21	田内誠悟 (富士FC)	190.01	23	63.89 (31.20 / 32.69)	20	126.12 (63.08 / 65.04) -2.00
	22	大島光翔 (明治大学)	189.36	20	66.89 (31.94 / 34.95)	23	122.47 (56.47 / 66.00)
	23	木科雄登 (関西大学)	188.12	22	64.52 (30.83 / 33.69)	21	123.60 (58.84 / 65.76) -1.00
		Withdrawn					
	-	周藤 集 (ID学園高等学校)	74.61	13	74.61 (40.79 / 33.82)	-	
		Final Not Reached					
	25	長谷川一輝 (東京理科大学)	59.25	25	59.25 (28.73 / 30.52)	-	
	26	門脇慧丞 (法政大学)	59.14	26	59.14 (28.25 / 30.89)	-	
	27	小田垣 櫻 (日本大学)	54.55	27	54.55 (27.39 / 28.16) -1.00	-	
	28	北村凌大 (日本大学)	54.24	28	54.24 (23.53 / 30.71)	-	
	29	志賀海門 (法政大学)	51.60	29	51.60 (24.80 / 27.80) -1.00	-	
	30	西野太翔 (神奈川FSC)	50.77	30	50.77 (21.65 / 29.12)	-	
Women	1	坂本花織 (シスメックス)	233.12	1	78.78 (41.77 / 37.01)	1	154.34 (77.28 / 77.06)
	2	千葉百音 (木下アカデミー)	209.27	3	68.02 (37.28 / 30.74)	2	141.25 (74.50 / 66.75)
	3	島田麻央 (木下アカデミー)	202.18	7	65.23 (35.68 / 30.55) -1.00	3	136.95 (76.24 / 61.71) -1.00
	4	上薗恋奈 (LYS)	200.69	6	66.22 (36.86 / 29.36)	4	134.47 (72.95 / 61.52)
	5	三原舞依 (シスメックス)	199.56	4	67.70 (35.11 / 32.59)	5	131.86 (67.22 / 64.64)
	6	渡辺倫果 (TOKIOインカラミ／法政大学)	194.88	8	63.66 (33.54 / 30.12)	7	131.22 (70.32 / 61.90) -1.00
	7	吉田陽菜 (木下アカデミー)	194.22	9	62.73 (32.47 / 31.26) -1.00	6	131.49 (68.85 / 62.64)
	8	山下真瑚 (中京大学)	192.15	2	69.92 (37.57 / 32.35)	12	122.23 (59.08 / 64.15) -1.00
	9	青木祐奈 (日本大学)	192.01	11	61.44 (30.42 / 31.02)	8	130.57 (64.60 / 65.97)
	10	住吉りをん (オリエンタルバイオ／明治大学)	185.22	17	56.70 (26.63 / 30.07)	9	128.52 (66.96 / 62.56) -1.00
	11	江川マリア (明治大学)	184.65	13	58.55 (30.80 / 27.75)	10	126.10 (66.40 / 59.70)
	12	樋口新葉 (ノエビア)	180.67	15	57.97 (27.61 / 31.36) -1.00	11	122.70 (61.27 / 62.43) -1.00
	13	河辺愛菜 (中京大学)	179.71	5	67.25 (35.38 / 31.87)	18	112.46 (50.27 / 62.19)
	14	横井きな結 (中京大学)	175.80	10	62.49 (34.85 / 27.64)	16	113.31 (58.28 / 55.03)
	15	柴山 歩 (木下アカデミー)	175.72	16	57.43 (29.93 / 27.50)	13	118.29 (63.09 / 55.20)
	16	三宅咲綺 (岡山理科大学)	175.06	14	58.23 (30.63 / 28.60) -1.00	14	116.83 (59.13 / 57.70)
	17	松生理乃 (中京大学)	174.34	12	58.97 (28.14 / 31.83) -1.00	15	115.37 (52.96 / 63.41) -1.00
	18	清水咲衣 (木下アカデミー)	169.12	18	56.24 (30.39 / 25.85)	17	112.88 (59.47 / 53.41)
	19	村上遥奈 (木下アカデミー)	158.86	23	53.13 (29.53 / 24.60) -1.00	19	105.73 (56.33 / 49.40)
	20	鈴木なつ (関西大学)	155.67	19	56.00 (30.02 / 25.98)	20	99.67 (48.92 / 50.75)
	21	大庭 雅 (東海東京FH)	150.03	24	50.80 (26.29 / 25.51) -1.00	21	99.23 (48.54 / 51.69) -1.00
	22	白岩優奈 (関西大学)	148.63	22	53.42 (26.16 / 27.26)	22	95.21 (42.14 / 54.07) -1.00
	23	髙木 謠 (東京女子学院)	148.39	20	55.09 (27.60 / 27.49)	23	93.30 (44.47 / 50.83) -2.00
	24	石田真綾 (立教大学)	142.88	21	54.12 (29.04 / 25.08)	24	88.76 (42.40 / 48.36) -2.00
		Final Not Reached					
	25	櫛田育良 (木下アカデミー)	50.20	25	50.20 (25.38 / 26.82) -2.00	-	
	26	三枝知香子 (日本大学)	50.19	26	50.19 (26.44 / 23.75)	-	
	27	荒木菜那 (中京大学)	46.45	27	46.45 (23.65 / 24.80) -2.00	-	
	28	本田真凜 (JAL)	44.42	28	44.42 (19.09 / 25.33)	-	
Pairs	1	長岡柚奈 (木下アカデミー) / 森口澄士 (木下アカデミー)	173.64	1	56.07 (31.16 / 24.91)	1	117.57 (65.31 / 52.26)
Dance	1	小松原美里 (倉敷FSC) / 小松原 尊 (倉敷FSC)	178.39	2	70.89 (40.97 / 29.92)	2	107.50 (62.44 / 45.06)
	2	田中梓沙 (オリエンタルバイオ) / 西山真瑚 (オリエンタルバイオ)	176.43	1	71.08 (41.14 / 29.94)	3	105.35 (58.77 / 46.58)
	3	吉田唄菜 (木下アカデミー) / 森田真沙也 (木下アカデミー)	173.17	3	64.00 (35.06 / 29.94) -1.00	1	109.17 (63.03 / 46.14)
	4	佐々木彩乃 (日本大学) / 池田喜充 (西武東伏見FSC)	129.40	4	51.47 (29.62 / 21.85)	4	77.93 (44.35 / 34.58) -1.00
	5	木下あかり (慶應義塾大学) / 田村周彦 (三田スケートクラブ)	124.86	5	47.30 (27.82 / 19.48)	5	77.56 (47.62 / 29.94)
	6	国村柚里 (臨海フィギュアSC) / 坂部魁士 (大阪経済大学)	107.08	6	40.71 (23.14 / 17.57)	6	66.37 (40.21 / 26.16)

男子メダリスト（左から）2位の鍵山優真、1位の宇野昌磨、3位の山本草太 ©Yazuka Wada

女子メダリスト（左から）2位の千葉百音、1位の坂本花織、3位の島田麻央 ©Yazuka Wada

ペア1位の長岡柚奈＆森口澄士 ©Yazuka Wada

アイスダンスメダリスト（左から）2位の田中梓沙＆西山真瑚、1位の小松原美里＆小松原尊（ティム・コレト）、3位の吉田唄菜＆森田真沙也 ©Yazuka Wada

ISU Junior Grand Prix Final 2023
ジュニアグランプリファイナル Dec.7-10, 2023　中国・北京

	Pl.	Name	Nation	Points		SP/RD		FS/FD
Men	1	Rio NAKATA	JPN	227.77	4	67.71 (33.29 / 35.42) -1.00	1	160.06 (84.67 / 75.39)
	2	Hyungyeom KIM	KOR	223.61	1	77.01 (41.24 / 35.77)	2	146.60 (75.03 / 72.57) -1.00
	3	Adam HAGARA	SVK	213.26	3	71.43 (38.33 / 33.10)	3	141.83 (72.60 / 69.23)
	4	Juheon LIM	KOR	209.99	2	73.72 (38.24 / 35.48)	4	136.27 (64.81 / 71.46)
	5	Francois PITOT	FRA	197.31	6	64.87 (30.66 / 35.21) -1.00	5	132.44 (63.82 / 68.62)
	6	Daniel MARTYNOV	USA	183.47	5	66.23 (32.10 / 34.13)	6	117.24 (55.90 / 64.34) -3.00
Women	1	Mao SHIMADA	JPN	206.33	2	68.27 (37.21 / 31.06)	1	138.06 (75.12 / 62.94)
	2	Jia SHIN	KOR	200.75	1	69.08 (38.41 / 30.67)	2	131.67 (68.18 / 63.49)
	3	Rena UEZONO	JPN	196.46	3	67.87 (38.79 / 29.08)	3	128.59 (68.62 / 59.97)
	4	Yuseong KIM	KOR	190.48	5	62.71 (35.64 / 27.07)	4	127.77 (71.59 / 56.18)
	5	Ami NAKAI	JPN	187.04	4	65.04 (35.41 / 29.63)	5	122.00 (65.04 / 57.96) -1.00
	6	Minsol KWON	KOR	183.06	6	62.12 (34.47 / 27.65)	6	120.94 (64.02 / 56.92)
Pairs	1	Anastasiia METELKINA / Luka BERULAVA	GEO	202.11	1	70.48 (38.98 / 31.50)	1	131.63 (66.33 / 65.30)
	2	Ava KEMP / Yohnatan ELIZAROV	CAN	168.83	2	57.91 (31.59 / 26.32)	2	110.92 (54.18 / 56.74)
	3	Jazmine DESROCHERS / Kieran THRASHER	CAN	156.33	4	54.91 (28.51 / 26.40)	3	101.42 (46.98 / 54.44)
	4	Martina ARIANO KENT / Charly LALIBERTE LAURENT	CAN	150.70	3	55.97 (29.86 / 27.11) -1.00	4	94.73 (44.78 / 51.95) -2.00
	5	Olivia FLORES / Luke WANG	USA	145.39	5	54.37 (28.58 / 25.79)	6	91.02 (45.29 / 48.73) -3.00
	6	Violetta SIEROVA / Ivan KHOBTA	UKR	140.17	6	47.52 (23.01 / 24.51)	5	92.65 (42.51 / 50.14)
Dance	1	Leah NESET / Artem MARKELOV	USA	177.09	1	72.48 (41.09 / 31.39)	1	104.61 (56.17 / 48.44)
	2	Elizabeth TKACHENKO / Alexei KILIAKOV	ISR	168.78	2	68.14 (37.97 / 30.17)	2	100.64 (53.92 / 46.72)
	3	Darya GRIMM / Michail SAVITSKIY	GER	159.41	3	66.49 (36.99 / 29.50)	3	92.92 (48.42 / 44.50)
	4	Celina FRADJI / Jean-Hans FOURNEAUX	FRA	153.42	4	61.60 (33.92 / 27.68)	4	91.82 (47.68 / 44.14)
	5	Mariia PINCHUK / Mykyta POGORIELOV	UKR	147.23	5	60.20 (32.22 / 27.98)	6	87.03 (45.81 / 41.22)
	6	Yahli PEDERSEN / Jeffrey CHEN	USA	144.57	6	54.30 (28.70 / 26.60) -1.00	5	90.27 (47.77 / 42.50)

男子メダリスト（左から）2位のキム・ヒョンギョム、1位の中田璃士、3位のアダム・ハガラ
©Nobuaki Tanaka/Shutterz

女子メダリスト（左から）2位のシン・ジア、1位の島田麻央、3位の上薗恋奈　©Nobuaki Tanaka/Shutterz

ペアメダリスト（左から）2位のケンプ&エリザロフ、1位のメテルキナ&ベルラワ、3位のデロッシー&スラッシャー
©Nobuaki Tanaka/Shutterz

アイスダンスメダリスト（左から）2位のトカチェンコ&キリアコフ、1位のネセット&マルケロフ、
3位のグリム&サヴィツキー　©Nobuaki Tanaka/Shutterz

Japan National Junior Championships 2023
第92回全日本ジュニア選手権 Nov. 17-19, 2023　滋賀・大津市

	Pl.	Name	Points		SP/RD		FS/FD
Men	1	中村俊介 (木下アカデミー)	212.42	1	76.81 (40.32 / 36.49)	2	135.61 (67.34 / 69.27) -1.00
	2	中田璃士 (TOKIOインカラミ)	205.76	5	64.28 (29.96 / 34.32)	1	141.48 (68.89 / 72.59)
	3	周藤 集 (ID学園高等学校)	201.12	2	70.59 (35.85 / 34.74)	4	130.53 (62.44 / 68.09)
	4	垣内珀琉 (ひょうご西宮FSC)	197.97	3	68.64 (36.07 / 32.57)	5	129.33 (63.90 / 66.43) -1.00
	5	西野太翔 (神奈川FSC)	195.71	8	63.52 (33.72 / 30.80) -1.00	3	132.19 (68.75 / 63.44)
	6	田内誠悟 (富士FC)	195.19	4	66.24 (33.17 / 33.07)	6	128.95 (59.52 / 69.43)
	7	蛭原大弥 (明治神宮外苑FSC)	189.39	6	64.24 (32.76 / 31.48)	10	125.15 (62.21 / 63.94) -1.00
	8	高橋星名 (木下アカデミー)	188.98	9	62.93 (33.87 / 29.06)	7	126.05 (65.95 / 61.10) -1.00
	9	森本涼雅 (木下アカデミー)	188.86	7	63.58 (32.44 / 31.14)	9	125.28 (63.34 / 61.94)
	10	朝賀俊太朗 (大阪スケート倶楽部)	178.80	22	52.85 (22.04 / 31.81) -1.00	8	125.95 (59.34 / 66.61)
	11	菊地竜生 (明治大学)	177.55	13	60.01 (30.87 / 29.14)	11	117.54 (59.26 / 59.28) -1.00
	12	山田琉伸 (早稲田大学)	175.09	14	59.84 (31.12 / 28.72)	12	115.25 (56.31 / 58.94)
	13	名倉一裕 (大阪スケート倶楽部)	173.08	10	61.01 (32.36 / 28.65)	13	112.07 (54.30 / 57.77)
	14	森 遼人 (MFアカデミー)	172.45	11	60.80 (30.65 / 30.15)	14	111.65 (54.88 / 57.77) -1.00
	15	三島舞明 (愛知みずほ大瑞穂高校)	171.40	12	60.70 (32.30 / 28.40)	15	110.70 (56.58 / 56.12) -2.00
	16	織田信義 (大阪スケート倶楽部)	167.13	15	58.31 (29.50 / 28.81)	18	108.82 (51.55 / 57.27)
	17	岡崎隼士 (蒼明学院中等部)	167.09	16	58.28 (29.14 / 29.14)	19	108.81 (52.54 / 57.27) -1.00
	18	小河原泉颯 (倉敷FSC)	166.95	18	57.57 (29.85 / 27.72)	17	109.38 (52.11 / 57.27)
	19	花井広人 (邦和みなとスケート部)	164.14	21	53.97 (26.74 / 27.23)	16	110.17 (56.89 / 54.28) -1.00
	20	加藤海里 (目黒日本大学高等学校)	162.52	17	58.26 (28.54 / 29.72)	21	104.26 (49.98 / 55.28) -1.00
	21	堀野伊織 (八戸FSC)	157.29	20	54.10 (26.29 / 27.81)	22	103.19 (48.08 / 55.11)
	22	大村健太 (岡山FSC)	157.08	23	52.66 (27.02 / 25.64)	20	104.42 (53.47 / 50.95)
	23	小島志嵐 (浪速中・高スケート部)	143.81	24	52.33 (26.44 / 25.89)	23	91.48 (44.36 / 49.12) -2.00
	24	佐藤和那 (邦和みなとスケート部)	142.14	19	56.53 (29.57 / 26.96)	24	85.61 (40.66 / 47.95) -3.00
		Final Not Reached					
	25	木村智貴 (西武東伏見FSC)	51.06	25	51.06 (23.17 / 27.89)	-	
	26	向野 慶 (神戸ポートアイランドクラブ)	49.42	26	49.42 (23.28 / 26.14)	-	
	27	吉野咲太朗 (西武東伏見FSC)	48.94	27	48.94 (22.72 / 26.22)	-	
	28	松本悠輝 (LYS)	47.94	28	47.94 (22.05 / 26.89) -1.00	-	
	29	磯和大智 (京都宇治FSC)	46.72	29	46.72 (21.09 / 25.63)	-	
Women	1	島田麻央 (木下アカデミー)	201.33	4	63.34 (32.29 / 31.05)	1	137.99 (77.04 / 61.95) -1.00
	2	櫛田育良 (木下アカデミー)	190.12	1	65.30 (36.31 / 28.99)	3	124.82 (65.68 / 59.14)
	3	上薗恋奈 (LYS)	186.51	6	60.95 (33.75 / 28.20) -1.00	2	125.56 (67.49 / 58.07)
	4	髙木 謠 (東京女子学院)	183.96	3	63.62 (35.75 / 27.87)	4	120.34 (63.47 / 56.87)
	5	柴山 歩 (木下アカデミー)	175.61	2	63.68 (36.28 / 27.40)	5	111.93 (56.06 / 56.87) -1.00
	6	村上遥奈 (木下アカデミー)	168.48	5	62.30 (35.97 / 26.33)	8	106.18 (55.72 / 50.46)
	7	河野莉々愛 (木下アカデミー)	167.18	11	57.70 (34.83 / 22.87)	6	109.48 (61.69 / 47.79)
	8	横井きな結 (中京大学)	166.08	9	60.00 (33.14 / 26.86)	9	106.08 (54.42 / 51.66) -1.00
	9	岡 万佑子 (ROYCE'F・S・C)	163.71	8	60.04 (35.29 / 24.75)	12	103.67 (57.74 / 45.93)
	10	中井亜美 (TOKIOインカラミ)	160.89	14	55.06 (27.40 / 28.66) -1.00	10	105.83 (53.16 / 53.67) -1.00
	11	山田 恵 (木下アカデミー)	159.94	12	56.78 (34.04 / 22.74)	13	103.16 (58.97 / 44.19)
	12	金沢純禾 (木下アカデミー)	158.77	19	50.21 (29.53 / 21.68) -1.00	7	108.56 (64.50 / 44.06)
	13	和田薫子 (グランプリ東海クラブ)	157.87	7	60.26 (34.06 / 26.20)	15	97.61 (49.08 / 49.53) -1.00
	14	岡田芽依 (名東FSC)	152.99	16	51.41 (30.40 / 22.01) -1.00	14	101.58 (57.45 / 45.13) -1.00
	15	大竹沙歩 (MFアカデミー)	152.64	24	47.09 (24.48 / 22.61)	11	105.55 (59.89 / 45.66)
	16	中尾 歩 (埼玉アイスアリーナFC)	151.22	13	56.49 (34.09 / 22.40)	17	94.73 (52.21 / 43.52) -1.00
	17	奥野友莉菜 (駒場学園高校)	148.27	10	58.74 (31.28 / 27.46)	21	89.53 (42.20 / 50.33) -3.00
	18	松浪ひかり (関空スケート)	145.41	22	48.39 (28.30 / 20.09)	16	97.02 (57.90 / 39.12)
	19	杉山菜那 (中京大中京高校)	144.91	17	51.37 (30.82 / 21.55) -1.00	18	93.54 (49.88 / 43.66)
	20	岩本愛子 (白鳥FSC)	143.30	15	51.74 (29.14 / 22.60)	19	91.56 (50.30 / 41.26)
	21	千葉美乃花 (埼玉栄高校)	138.43	23	47.39 (26.18 / 21.21)	20	91.04 (49.25 / 41.79)
	22	今関友梨香 (MFアカデミー)	134.13	18	51.29 (28.03 / 23.14)	23	82.96 (41.05 / 41.91)
	23	宮本琉花 (白鳥T・FSC)	132.19	21	48.90 (26.76 / 22.14)	22	83.29 (47.38 / 37.91) -2.00
	24	大坪瑚子 (邦和みなとスケート部)	130.91	20	49.14 (27.19 / 21.95)	24	81.77 (44.92 / 38.85) -2.00
		Final Not Reached					
	25	重田美星 (神戸ポートアイランドクラブ)	46.81	25	46.81 (27.19 / 19.62)	-	
	26	北谷美結 (京都宇治FSC)	46.81	26	46.81 (26.00 / 20.81)	-	
	27	瀬川穂乃 (仙台FSC)	43.88	27	43.88 (23.99 / 19.89)	-	
	28	北見 奏 (MFアカデミー)	40.84	28	40.84 (20.76 / 20.08)	-	
	29	入江美友 (Mエイトクラブ)	39.91	29	39.91 (20.75 / 20.16) -1.00	-	
	30	髙原奈々子 (福岡フィギュアアカデミー)	36.63	30	36.63 (19.34 / 18.29) -1.00	-	
Pairs	1	清水咲衣 (木下アカデミー) 本田ルーカス剛史 (木下アカデミー)	109.69	1	40.00 (20.31 / 20.69) -1.00	1	69.69 (32.51 / 38.18) -1.00
Dance	1	岸本彩良 (中京大中京高校) 田村篤彦 (西武東伏見FSC)	147.45	1	59.06 (31.39 / 27.67)	1	88.39 (47.09 / 41.30)
	2	山下珂歩 (日本大学) 永田裕人 (日本大学)	131.33	2	50.91 (29.10 / 21.81)	2	80.42 (47.22 / 33.20)

男子メダリスト (左から) 2位の中田璃士、
1位の中村俊介、3位の周藤集 ©Manabu Takahashi

女子メダリスト (左から) 2位の櫛田育良、
1位の島田麻央、3位の上薗恋奈 ©Manabu Takahashi

ペア1位の清水咲衣＆本田ルーカス剛史
©Manabu Takahashi

アイスダンスメダリスト (左から) 2位の山下珂歩＆
永田裕人、1位の岸本彩良＆田村篤彦
©Manabu Takahashi

NEXT ISSUE

No.101 4月下旬発売

世界選手権
WORLD CHAMPIONSHIPS 2024
世界ジュニア選手権
WORLD JUNIOR CHAMPIONSHIPS 2024
ユースオリンピック
WINTER YOUTH OLYMPIC GAMES GANGWON 2024

＊内容は変更になる場合があります

チャ・ジュンファン（写真は2024年四大陸選手権）©Manabu Takahashi

BACK ISSUES

A4判／No.96〜98定価2,100円（税込）、No.99定価2,200円（税込）

No.99
山本草太、GP初優勝
「ワンピース・オン・アイス」

GPシリーズの中国杯まで現地速報。羽生結弦「RE_PRAY」も掲載。インタビューは鍵山優真、三浦佳生、住吉りをん、シャオイムファ、P・チャン、マリニナ。対談＝田中刑事×中井和哉ほか。表紙／宇野昌磨

No.98
三浦＆木原、宇野、坂本
世界選手権で3種目制覇

三浦＆木原がペア初優勝、宇野と坂本が2連覇した、さいたま世界選手権を巻頭特集。四大陸、世界ジュニアも掲載。村元哉中＆高橋大輔、友野一希らのインタビューも。表紙／三浦璃来＆木原龍一

No.97
三原、宇野、三浦＆木原
GPファイナル初優勝

全日本選手権を筆頭に、日本が3種目制覇したグランプリファイナル、NHK杯などグランプリシリーズ後半戦をレポート。坂本花織、三原舞依、三浦＆木原組、三浦佳生の独占インタビューも掲載。表紙／宇野昌磨

No.96
坂本花織が
海外グランプリ初優勝

スケートアメリカとスケートカナダ、2022GPシリーズを現地レポート。ジャパンオープン、全日本ノービス、さらに2022世界ジュニアも掲載。佐藤有香、ストイコらのインタビューも。表紙／坂本花織

〈お問い合せ・ご注文〉新書館・営業部　電話03(5970)3840　https://www.shinshokan.co.jp　＊本誌96ページのFAX注文用紙でもご購入いただけます。

WORLD FIGURE SKATING

ワールド・フィギュアスケート100

2024年3月15日　発行
2024年4月15日　第2刷
発行所：株式会社 新書館
編集：〒113-0024
東京都文京区西片2-19-18
TEL 03-3811-2851
FAX 03-3811-2501
営業：〒174-0043
東京都板橋区坂下1-22-14
TEL 03-5970-3840
FAX 03-5970-3847
表紙・本文レイアウト：
SDR（新書館デザイン室）
協力：CIC
team Sirius
IMG
ユニバーサルスポーツマーケティング
J SPORTS
Mu-Costume design
光藍社
日本舞台芸術振興会
日本スケート連盟
All That Sports
Chinese Figure Skating Association
U.S.Figure Skating
ISU

印刷・製本：株式会社 加藤文明社
©2024 SHINSHOKAN Printed in Japan
＊本誌の無断複製（コピー、スキャン、デジタル化等）並びに無断複製物の譲渡および配信は、著作権法で禁じられています。

World Figure Skating
Shinshokan Co., Ltd
2-19-18, Nishikata, Bunkyo-ku, Tokyo
113-0024 Japan
https://www.shinshokan.co.jp
Nothing may be reprinted in whole or in part without written permission from the publisher.

■ 編集室から

　おかげさまで、「ワールド・フィギュアスケート」は、創刊100号を迎えることができました。あらためて、読者の皆様の長年のご愛読に感謝申し上げます。記念すべき100号の表紙には、羽生結弦さんにご登場いただきました。オリンピック2連覇、スーパースラム達成と偉業を成し遂げ、いまプロアスリートとして、フィギュアスケートの進化と深化を推し進めていらっしゃいます。その挑戦から今後も目が離せません。

　3月にはモントリオールで世界選手権が開催されます。パンデミックで直前に大会が中止になってから4年。大歓声のワールドが帰ってきます。　　　　（W）